RESPONSABILIDADE SOCIAL E GOVERNANÇA

Dados Internacionais de Catalogação na Publicação (CIP)
(Câmara Brasileira do Livro, SP, Brasil)

Machado Filho, Cláudio Pinheiro
   Responsabilidade social e governança : o debate e as
implicações : responsabilidade social, instituições,
governança e reputação / Cláudio Pinheiro Machado
Filho. – São Paulo : Cengage Learning, 2013.

   3. reimpr. da 1. ed. de 2006.
   Bibliografia
   ISBN 978-85-221-0513-7

   1. Administração de empresas 2. Empresas –
Responsabilidade social 3. Ética 4. Governança corporativa
I. Título.

05-9277   CDD-658.408

Índices para catálogo sistemático:

1. Governança corporativa e responsabilidade social :
      Administração de empresas 658.408
2. Responsabilidade social e governança corporativa :
      Administração de empresas 658.408

RESPONSABILIDADE SOCIAL E GOVERNANÇA
O Debate e as Implicações

Responsabilidade Social, Instituições, Governança e Reputação

Cláudio Pinheiro Machado Filho

CENGAGE

Austrália • Brasil • México • Cingapura • Reino Unido • Estados Unidos

CENGAGE

Responsabilidade Social e Governança: o debate e as implicações

Cláudio Pinheiro Machado Filho

Gerente Editorial: Patricia La Rosa

Editora de Desenvolvimento: Tatiana Pavanelli Valsi

Produtor Editorial: Fábio Gonçalves

Produtora Gráfica: Fabiana Alencar Albuquerque

Copidesque: Marcos Soel Silveira Santos

Revisão: Silvana Gouveia
Arlete Sousa

Diagramação: PC Editorial Ltda.

Capa: Eduardo Bertolini

© 2006 Cengage Learning Edições Ltda.

Todos os direitos reservados. Nenhuma parte deste livro poderá ser reproduzida, sejam quais forem os meios empregados, sem a permissão, por escrito, da Editora. Aos infratores aplicam-se as sanções previstas nos artigos 102, 104, 106 e 107 da Lei nº 9.610, de 19 de fevereiro de 1998.

Esta Editora empenhou-se em contatar os responsáveis pelos direitos autorais de todas as imagens e de outros materiais utilizados neste livro. Se porventura for constatada a omissão involuntária na identificação de algum deles, dispomo-nos a efetuar, futuramente, os possíveis acertos.

A Editora não se responsabiliza pelo funcionamento dos links contidos neste livro que possam estar suspensos.

Para informações sobre nossos produtos, entre em contato pelo telefone **0800 11 19 39**

Para permissão de uso de material desta obra, envie seu pedido para **direitosautorais@cengage.com**

© 2006 Cengage Learning.
Todos os direitos reservados.

ISBN-13: 978-85-221-0513-7
ISBN-10: 85-221-0513-8

Cengage Learning
Condomínio E-Business Park
Rua Werner Siemens, 111 – Prédio 11 – Torre A – Conjunto 12
Lapa de Baixo – CEP 05069-900 – São Paulo – SP
Tel.: (11) 3665-9900 – Fax: (11) 3665-9901
SAC: 0800 11 19 39

Para suas soluções de curso e aprendizado, visite
www.cengage.com.br

Impresso no Brasil
Printed in Brazil

Para Rita
e Darclée

Apresentação

Este livro aborda o tema da responsabilidade social corporativa a partir da conduta das empresas em seu dia-a-dia no ambiente de negócios. São apresentados os condicionantes que explicam o seu crescente engajamento em ações que buscam minimizar a exclusão social, e mais do que isso, a implementação de uma conduta ética e socialmente responsável dessas organizações no mercado, em relação aos impactos das ações empresariais na comunidade, com seus acionistas, funcionários, clientes, fornecedores, enfim, a sociedade como um todo. O foco central é o debate sobre o papel das empresas na sociedade contemporânea.

A pretensão deste trabalho não é fazer uma abordagem normativa do que é certo ou errado, em termos éticos, com relação à conduta das empresas, ou discutir *se* e *quais* são as ações de responsabilidade social que trazem retornos econômicos para elas. Partindo de uma visão positiva, a intenção do texto é apresentar argumentos que sustentem a tese de que a melhoria da conduta ética das empresas e o exercício da cidadania por parte dos indivíduos e organizações são uma conseqüência do *desenvolvimento institucional* das sociedades, tanto do ponto de vista formal (leis, regras etc.) como do informal (crenças, valores, cultura). A mudança na conduta dos jogadores (organizações) depende intrinsecamente das mudanças institucionais ao longo do tempo.

São exploradas as interfaces entre os conceitos de instituições, responsabilidade social, ética, reputação e governança corporativa, conectados em uma matriz institucional que, em essência, define as regras do jogo e o comportamento dos agentes na sociedade. Algumas questões centrais são destacadas:

- Quais os condicionantes institucionais em torno da ação socialmente responsável das empresas?
- O que têm a ver a conduta ética e socialmente responsável das empresas com o desenvolvimento institucional das sociedades?
- Qual a relação entre o processo de globalização e o comportamento das empresas?
- Qual a relação entre o exercício da responsabilidade social e o aumento do capital reputacional empresarial?
- E a relação entre a reputação das organizações e desempenho econômico?

Essas questões não são desconexas. E as suas interfaces, embora complexas, seguem uma lógica passível de análise. As reflexões apresentadas sobre o tema são fruto de tese de doutorado defendida em 2002 na Faculdade de Economia, Administração e Contabilidade da Universidade de São Paulo (FEA/USP). Em diversas ocasiões, tive a oportunidade de debater, aprofundar e rever alguns conceitos, tanto no ambiente acadêmico como no empresarial. O grande desafio foi procurar uma eqüidistância para fugir dos chavões em torno do tema da responsabilidade social como o novo guia de conduta das organizações, seja pelo lado utópico ou pela visão do negativismo maniqueísta, que procura enxergar as empresas como movidas para a ação social apenas pelo pragmatismo mercadológico.

O argumento que permeia os capítulos do livro sustenta que a consolidação das instituições de governança democrática é a base para o desenvolvimento econômico e social e, conseqüentemente, para o exercício dos direitos e deveres da sociedade civil no seu sentido mais amplo.

O livro apresenta um pano de fundo conceitual em cima de cinco termos-chave: instituições, reputação, ética, governança e responsabilidade social. Os capítulos apresentarão conceitualmente esses temas, as visões de diferentes autores e a minha própria reflexão e análise. São ilustradas algumas situações reais, com casos de empresas, organizações de terceiro setor, cooperativas e associações.

Agradeço o apoio dos amigos do PENSA (Centro de Conhecimento em Agronegócios da USP) e do CEATS (Centro de Empreendedorismo Social e Administração do Terceiro Setor da USP), em nome dos professores Decio Zylbersztajn, orientador da minha tese de doutorado, e Rosa Maria Fischer, responsável por minhas atividades durante o meu programa de pós-doutorado, ambos na FEA/USP. Agradecimento especial aos controladores e executivos do Grupo Orsa, Sérgio Garcia Amoroso, Jorge Henriques, José Montagnana e Roberto Silva Waack, pelo exemplo de desprendimento, ética e cidadania à frente de um importante empreendimento econômico e social brasileiro.

SUMÁRIO

Apresentação XI
Prefácio XV

Capítulo 1 – Instituições e Responsabilidade Social 1
Objetivos do Capítulo 2
A Conduta das Organizações e as Mudanças Institucionais 2
A Visão Clássica 4
A Crítica à Visão Clássica 7
A Visão Institucional 10
Responsabilidade Social e Agregação de Valor para as
Empresas 14
O Ambiente Institucional, o Desempenho Socioeconômico
e a Ética 17
Resumo do Capítulo 21

**Capítulo 2 – Responsabilidade Social:
as Dimensões Econômica, Ética, Legal e Discricionária** 23
Objetivos do Capítulo 24
O Conceito de Responsabilidade Social 24
Argumentos Favoráveis ao Engajamento das
Empresas em Ações Sociais 26
Argumentos Contrários ao Engajamento das
Empresas em Ações Sociais 27

A Convergência dos Argumentos Pró e Contra 29
Ética e Responsabilidade Social 33
O Enfoque Legalista e a Ética 36
Resumo do Capítulo 47

Capítulo 3 – Reputação Corporativa 49
Objetivos do Capítulo 50
O Conceito de Reputação 50
A Visão Econômica sobre a Reputação 56
Os Pressupostos Comportamentais da Economia dos
Custos de Transação (ECT) 56
Comportamento Oportunista e Reputação 61
Efeito Reputacional e Confiança (*Trust*) 64
A Conduta Socialmente Responsável e os
Ganhos de Reputação 66
Resumo do Capítulo 73

**Capítulo 4 – Governança Corporativa e
Responsabilidade Social** 75
Objetivos do Capítulo 76
O Conceito de Governança 76
O Alinhamento de Interesses entre Gestores
e Acionistas 80
Os Mecanismos de Governança 85
    Os mecanismos externos de alinhamento 85
    Os mecanismos internos de alinhamento 92
Resumo do Capítulo 98

Capítulo 5 – O Terceiro Setor e a Governança 101
Objetivos do Capítulo 102
As Organizações de Terceiro Setor (OTS) 102
A Governança em Organizações de
Terceiro Setor (OTS) 104
A Separação entre Propriedade e Controle
nas OTS 105

*Mecanismos externos de alinhamento em
organizações de terceiro setor* 108
*Mecanismos internos de alinhamento em
organizações de terceiro setor* 109
*A escolha da estrutura organizacional para lidar
com ações de responsabilidade social* 112
Resumo do Capítulo 119

**Capítulo 6 – Governança em Cooperativas
e Associações de Interesse Privado** 121
Objetivos do Capítulo 122
Governança em Organizações Cooperativas 122
A Governança em Associações de Interesse Privado 127
Resumo do Capítulo 136

Referências Bibliográficas 139

Anexo I
Novas Dimensões da Responsabilidade Social:
A Responsabilidade pelo Desenvolvimento 151
Rosa Maria Fischer

Anexo II
Novas Dimensões do Conceito de
Governança Corporativa 167
Decio Zylbersztajn

Prefácio

Roberto Silva Waack[1]

A cada dia que passa, a responsabilidade social é mais discutida nos diferentes ambientes da sociedade. Ela mudará o mundo das organizações, pois já tem, e terá muito mais, influência nas relações entre capital e trabalho; avança com consistência nas interfaces entre empresas e as comunidades de seus entornos e, recentemente, ampliou seus horizontes para uma abordagem mais sistêmica, dando substância ao candente conceito de sustentabilidade.

Apesar dos esforços de representantes de quase todos os agentes da sociedade, a responsabilidade social ainda é adolescente. Em 2004, na Conferência Européia sobre Responsabilidade Social Corporativa, realizada na cidade de Maastricht, na Holanda, o tema foi apresentado como um longo e escuro caminho. Sabemos mais ou menos onde queremos chegar: uma sociedade mais justa e equilibrada, com menores desigualdades e maior qualidade de vida para todos. Mas a estrada a se trilhar ainda não está iluminada, pavimentada, sinalizada.

---

[1] Presidente da Orsa Florestal e diretor executivo da Holding Grupo Orsa.

Um pouco como zumbis, os diversos atores da sociedade criam suas próprias luzes: algumas são lanternas fracas, mas consistentes; outras, *flashes* potentes, mas de pouca duração. Muitas se apagam ao menor sopro, mas aos poucos aparecem fontes de luz fortes, confiáveis, estáveis, e o caminho vai sendo percorrido. Freqüentemente, fachos luminosos se opõem uns a outros, cruzando-se e cegando iniciativas. Em outros casos, convergem, potencializando-se. Buracos, obstáculos, curvas e abismos vão sendo vencidos. Há momentos de desesperança, mas avançamos.

A universidade tem contribuído consistentemente para a construção desse caminho. Não é a primeira vez que ela exerce este papel iluminista, nem será a última. O fortalecimento do *terceiro setor* tem ampliado os horizontes do convívio humano e trazido melhor equilíbrio entre os *agentes* econômicos da sociedade. Nas empresas, a incorporação de melhores práticas de governança corporativa vem propiciando relevantes avanços sociais. Aos poucos, harmonizam-se as relações entre os três setores e o foco da iluminação é mais bem direcionado.

Um dos pontos mais relevantes neste processo é a mensuração dos resultados da aplicação da responsabilidade social nas organizações privadas. Modelos comprovados de influência na reputação, acesso a mercados, melhoria do ambiente interno, harmonização da relação com *stakeholders* e ganhos de competitividade são cada vez mais discutidos. Dinamismo e flexibilidade são características das empresas, e elas aprendem e se desenvolvem com rapidez. Novas rotinas são criadas e implementadas. É a vez da responsabilidade social, assim como há poucos anos aconteceu com a área da qualidade e gestão ambiental.

Empresários, executivos, consultores e acadêmicos estão construindo práticas socioambientais da mesma forma como, no passado, fizeram com as rotinas de marketing, finanças e produção. Pouco a pouco, o conceito de *triple bottom line* (*people, planet and profits*)[2] passa a ser mais um jargão no mundo corporativo. O setor financeiro também avança com rapidez. Move-se de uma situação de distância do tema para a redução de riscos de reputação via triagem de setores e práticas de potenciais clientes. Progride na exploração de oportunidades de mercado relacionadas à responsabilidade social.

Este trabalho navega nesses mares todos. Em uma abordagem que mescla teorias e conceitos acadêmicos com casos reais, o professor Cláudio Pinheiro Machado Filho consolida, com consistência, diversas iniciativas da Faculdade de Economia e Administração da USP nos campos da responsabilidade social, governança corporativa, ética nos negócios e nova economia institucional. Seu livro é, sem dúvida, uma fonte de luz única sobre a relação da responsabilidade social com o estudo das instituições, certamente um dos mais importantes fatores para o desenvolvimento da sociedade.

---

[2] Referente ao tripé de sustentabilidade: econômico (*profits*), social (*people*) e ambiental (*planet*).

CAPÍTULO 1

INSTITUIÇÕES E RESPONSABILIDADE SOCIAL

"Um conjunto de forças distintas, mas interconectadas, como a desregulamentação e globalização, rápidos avanços na tecnologia de informação, os crescimentos do poder do consumidor e da sociedade civil estão agora combinados e trazendo a responsabilidade corporativa para uma posição de destaque em muitas organizações. Nesta era da informação, as implicações da não adoção de melhores práticas quanto ao meio ambiente, ambiente de trabalho e comunidade podem variar de má cobertura da mídia até a completa exclusão do mercado. Estes são tempos preciosos para a construção social do moderno capitalismo."

Andriof e McIntosh, 2001, p. 5

Objetivos do Capítulo

- Apresentar o debate sobre o papel social das empresas na sociedade (visão dos *stockholders* x a visão dos *stakeholders*).

- Compreender o processo da globalização e integração dos mercados como indutor da conduta socialmente responsável das organizações.

- Entender a lógica da manutenção/criação do capital reputacional das empresas e sua relação com as mudanças no ambiente de negócios.

- Apresentar a importância do ambiente institucional (as regras do jogo formais e informais) como base para a conduta das pessoas e empresas na sociedade.

- Entender a relação entre o desenvolvimento institucional e o desempenho econômico e social das sociedades.

A Conduta das Organizações e as Mudanças Institucionais

Não é por coincidência que a emergência do conceito de responsabilidade social se aprofunda nas sociedades à medida que as instituições democráticas se consolidam. No Brasil, estamos vivenciando esse processo de forma crescente a partir da redemocratização e da emergência da sociedade civil, especialmente desde 1988. Esses elementos são essenciais para compreender as mudanças no tipo de conduta das organizações no seu ambiente.

A atividade empresarial possui uma dimensão ética, integrada às suas dimensões econômica e legal. Acadêmicos de distintas correntes de pensamento compartilham essa percepção. Entretanto, o consenso desfaz-se quando se aprofunda o enfoque sobre a *natureza* dessa dimensão ética. Alguns compartilham a "visão dos *stockholders*":[1] os gestores têm a atribuição formal de incrementar o retorno dos acionistas ou cotistas da empresa. Para atingir tais objetivos, eles deveriam atuar somente de acordo com as forças impessoais do mercado, que demandam eficiência e lucro.

Outra corrente de pensamento argumenta com base na "visão dos *stakeholders*":[2] os gestores têm a atribuição ética de respeitar os direitos de todos os *agentes* afetados pela empresa e promover o seu bem, incluindo nesse conjunto os clientes, fornecedores, funcionários, acionistas ou cotistas (majoritários e minoritários), comunidade local, bem como gestores, que devem ser *agentes* a serviço desse grupo ampliado.

O primeiro autor a discutir explicitamente a visão dos *stakeholders* foi Edward Freeman, em artigo clássico intitulado "The politics of stakeholder theory: some future directions" (1994). A gestão com base na teoria dos *stakeholders* envolve a alocação de recursos organizacionais e a consideração dos impactos dessa alocação em vários grupos de interesse dentro e fora da organização. O autor propõe a divisão dos *stakeholders* em dois grupos (primários e secundários), de acordo com os direitos estabelecidos nos recursos organizacionais.

Os *stakeholders* primários (acionistas e credores) são aqueles que possuem os direitos legais sobre os recursos organizacionais bem estabelecidos. Os *stakeholders* secundários (comunidade, funcionários, consumidores, entre outros) são aqueles cujo

---

[1] *Stockholders* são formados por sócios e acionistas, majoritários e minoritários, detentores dos direitos sobre os lucros do empreendimento.
[2] *Stakeholders* são constituídos, além de pelos próprios *stockholders*, por funcionários, fornecedores, clientes, consumidores, investidores, comunidades, governos, entre outros *agentes* que – direta ou indiretamente – afetam a empresa ou são por ela afetados.

direito sobre os recursos organizacionais é menos estabelecido em lei e/ou baseado em critérios de lealdade ou em obrigações éticas.

Os autores desta corrente de pensamento consideram que a visão neoclássica de que a responsabilidade social das organizações é a maximização da riqueza dos acionistas deve considerar uma abordagem mais ampla, incorporando os demais *stakeholders*. A argumentação central é a de que os administradores também têm de tomar decisões levando em conta os interesses de todos os grupos envolvidos (*stakeholders* primários e secundários).

Ambas as visões convergem no sentido de que as empresas têm uma função social a cumprir na sociedade e, dessa forma, possuem atribuições éticas, mas a discordância fundamental, como já dito, é sobre a *natureza* das atribuições éticas, e também sobre quem se beneficiará com elas. É nesse contexto que se insere o debate da empresa socialmente responsável.

A Visão Clássica

O prêmio Nobel em economia Milton Friedman é um dos principais ícones e defensores da visão dos *stockholders*, em contraposição à visão dos *stakeholders*. O argumento é o de que, se os administradores incrementam os lucros e se utilizam desses lucros para aumento do valor da empresa, eles estão respeitando os direitos de propriedade dos acionistas ou cotistas das empresas e, assim, promovendo de forma agregada o bem-estar social. Se os administradores se atêm a problemas de cunho social em decisões do dia-a-dia, podem violar suas atribuições de defesa dos interesses da empresa e interferir na habilidade do mercado em promover o bem-estar geral.

Friedman argumenta que os gestores podem usar as ações de responsabilidade social como meio para desenvolver suas próprias agendas sociais, políticas e profissionais, às expensas dos acionistas. De acordo com essa visão, os recursos destinados a ações de responsabilidade social seriam mais sabiamente gastos, sob uma perspectiva social, no incremento da eficiência da empresa. Essa argumentação não é contrária às ações de responsabilidade social por parte das empresas, desde que tais ações sejam estratégicas no processo legítimo de busca de valor (*value seeking*) pelas organizações, dentro das regras legais e éticas impostas pela sociedade.

A visão crítica da relevância das atividades de responsabilidade social corporativa considera que esses esforços são incompatíveis com o objetivo de maximização de lucro da empresa. O engajamento em atividades de responsabilidade social poderia dar origem a um problema de *agência*, ou seja, um conflito de interesses entre o *principal* (acionista) e o *agente* (gestor).

Os estudiosos da ciência das organizações passaram a dar atenção ao desenvolvimento da chamada "teoria da agência". A relação *agente/principal* é sempre conflituosa quando um determinado indivíduo – *agente* – age em nome de outro, o chamado *principal*, e os objetivos de ambos não coincidem integralmente.

Assim, em uma relação empregador/empregado, o *principal* busca implementar uma estrutura de incentivos e monitoramento visando alinhar os interesses do *agente* aos seus interesses.

Os liberais sustentam que a função-objetivo das empresas deve ser sempre a busca do maior retorno possível para os seus acionistas ou cotistas (*stockholders*), dentro de um conjunto de regras que baliza o comportamento ético empresarial. Passa a ser uma decisão dos indivíduos (sócios ou cotistas), que recebem os retornos gerados pela empresa, o que fazer com tais recursos. Cada sócio tomaria individualmente a decisão de acumular riqueza ou, alternativamente, distribuir benefícios para a sociedade. A decisão ética passa a ser problema intrínseco de cada indivíduo, não da empresa.[3]

Para essa corrente de pensamento, longe de se tornar uma fonte de melhorias, a visão dos *stakeholders* é fundamentalmente distorcida, incapaz de prover melhores governança corporativa, desempenho e conduta dos negócios, intrinsecamente incompatível com a atividade de negócios e, sistematicamente mina os direitos de propriedade e a transparência das atividades. E também pode ser usada para racionalizar praticamente qualquer tipo de intervenção governamental, não importando quão intrusiva ou restritiva.

Um dos autores clássicos da teoria da agência, Michael Jensen (2000), também se contrapõe à "doutrina dos *stakeholders*". Jensen aponta sérios erros conceituais nessa ótica e reitera a lógica de a empresa seguir *apenas uma* função-objetivo, qual seja, a busca da maximização do valor de mercado da empresa (*value seeking*). Segundo ele, a visão dos *stakeholders* é apresentada como um modelo "corretivo" dos erros percebidos na governança corporativa e como um padrão da ética nos negócios, e disseminada de forma tão ampla que acaba se tornando a "nova ortodoxia".

---

[3] Conforme questionamento provocativo de Friedman (1970): "O que significa dizer que a atividade de negócios tem responsabilidades? Somente pessoas podem ter responsabilidades. Uma corporação é uma pessoa artificial e, neste sentido, pode ter responsabilidades artificiais. Mas da atividade de negócios como um todo não se pode dizer que tenham responsabilidades, mesmo em um sentido vago. O primeiro passo na direção de clarear o exame da doutrina da responsabilidade social dos negócios é perguntar o que isto implica e para quem".

Severas críticas à visão dos *stakeholders* são apontadas: a primeira delas está na "obviedade" de alguns pressupostos da teoria, como o de as pessoas terem mais interesse de se envolver em um dado processo quando dele participam de alguma forma, seja nos resultados ou no momento de tomada de decisão. A outra pressuposição "simplista" é a da própria "complexidade" do mundo dos negócios tomada como um novo paradigma pela visão dos *stakeholders*. Nesse sentido, a visão dos *stakeholders* não estaria, de fato, trazendo nada de novo a ser agregado à teoria tradicional.

Os múltiplos objetivos da visão dos *stakeholders* podem ser, na verdade, vistos como *estratégias* para a criação de valor, que deve continuar a ser o principal objetivo a se seguir como referência. O desvio implícito na teoria dos *stakeholders* acaba mascarando a possibilidade de avaliação do desempenho da gestão: os gestores podem se amparar nos múltiplos objetivos difusos da organização para justificar decisões tomadas que não necessariamente estejam na direção da busca de maximização de valor da empresa, causando um sério desvio na relação *agente/principal*.

A visão liberal sobre a questão ética pode ser sintetizada da seguinte forma: deixar os problemas éticos a cargo do próprio indivíduo. Os problemas éticos realmente importantes são os que um indivíduo enfrenta em uma sociedade livre – o que ele deve fazer com sua liberdade.

A Crítica à Visão Clássica

O economista Amartya Sen, também laureado com o prêmio Nobel, critica o conceito da racionalidade maximizadora neoclássica, considerando a possibilidade de o altruísmo trazer benefícios para o tomador de decisão:

> Por que deveria ser *unicamente* racional empenhar-se pelo auto-interesse excluindo todo o resto? Evidentemente, pode não ser de todo absurdo afirmar que a maximização do auto-interesse não é irracional, pelo menos não necessariamente, mas asseverar que tudo o que não for maximização do auto-interesse tem de ser irracional parece absolutamente insólito. (Sen, 1999, p. 31)

Amartya Sen vai mais além:

> Vale a pena comentar – correndo o risco de apontar o óbvio – que negar que as pessoas sempre se comportam de modo exclusivamente auto-interessado não equivale a afirmar que elas *sempre* agem com altruísmo. Seria extraordinário o auto-interesse não ter um papel importantíssimo em numerosas decisões e, de fato, as transações econômicas normais entrariam em colapso se o auto-interesse não desempenhasse um papel substancial em nossas escolhas. A verdadeira questão é se existe ou não uma pluralidade de motivações ou se *unicamente* o auto-interesse rege os seres humanos. (p. 35)

Alinhada à visão sustentada por Sen, uma corrente de acadêmicos defende que as atividades de negócios estão inseridas em um contexto mais amplo, sendo parte de uma matriz social, com responsabilidades além da perspectiva tradicional de maximização de lucro. Esse grupo também tem identificado, nas atividades de responsabilidade social corporativa, um potencial fator de aumento do valor da empresa, promoção de imagem e reputação, de redução de custos, de elevação da moral dos funcionários e de construção de lealdade por parte dos clientes, entre outros benefícios.

A doutrina da teoria dos *stakeholders* baseia-se na idéia de que o saldo final da atividade de uma dada organização empresarial deve levar em consideração os retornos que otimizam os resultados de todos os *stakeholders* envolvidos, e não apenas os resultados dos acionistas. A idéia básica da responsabilidade social corporativa é que a atividade de negócios e a sociedade são entidades interligadas, não distintas. Portanto, a sociedade tem certas expectativas em relação ao comportamento e aos resultados das atividades de negócios.

A Figura 1.1 apresenta o modelo de *stakeholder* das organizações.

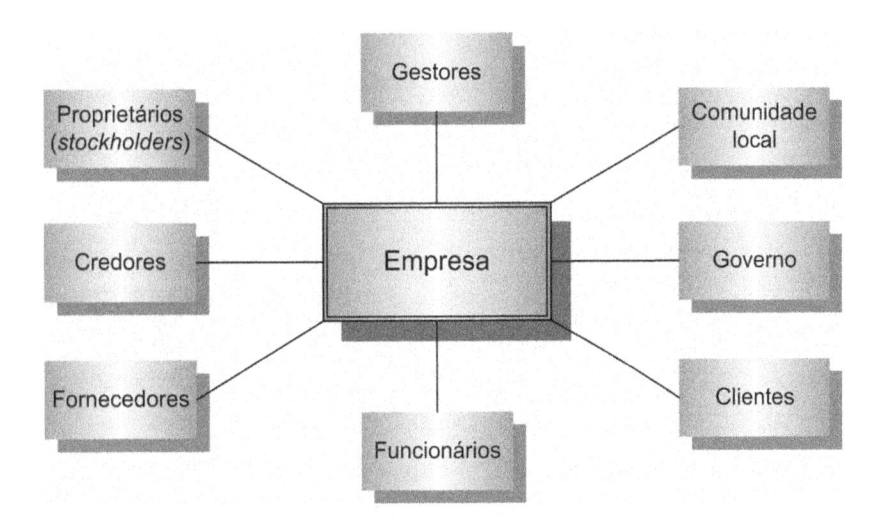

Fonte: Freeman, 2000.

Figura 1.1 – O modelo da visão dos *stakeholders*.

Segundo esse modelo, os proprietários têm uma porção (*stake*) financeira da organização, na forma de ações ou cotas, e esperam algum tipo de retorno por essa porção. O tipo de proprietário, nesse caso, pode variar amplamente daquele de uma empresa familiar, na qual pode ser o próprio gestor e funcionário, ao acionista de uma grande corporação com milhares de acionistas, todos eles tendo uma determinada porção do capital da organização.

Os funcionários têm os seus empregos e, em grande medida, sua vida pessoal dependentes da organização. Em troca de seu trabalho, esperam da organização salários, segurança, benefícios, entre outros retornos.

Os fornecedores, considerados como *stakeholders*, são vitais para o sucesso da organização, pois o suprimento de matérias-primas determinará a qualidade e o preço final dos produtos. Por outro lado, a organização é cliente de seu fornecedor, e também um *stakeholder* dele.

Os consumidores trocam recursos com a organização, recebendo seus produtos e/ou serviços e fornecendo o recurso monetário vital para a sobrevivência da empresa.

A comunidade local garante à organização o direito de construir suas instalações, plantas industriais, escritórios, recebendo em troca os benefícios de taxas e contribuições. Além disso, a organização deve cuidar para atenuar ou não gerar as externalidades negativas causadas à comunidade local, por exemplo, em aspectos ambientais, como a poluição do ar e da água.

Freeman vai além de destacar a importância de os *gestores* (*agentes*) atuarem no sentido de maximizar o valor para todos os seus *stakeholders* (*principais*), e propõe um modelo normativo em que os gestores teriam obrigações fiduciárias, não apenas para com os *stockholders*, mas também para com os demais *stakeholders*.

Nessa perspectiva, a atividade dos negócios deveria incorporar benefícios sociais juntamente com os ganhos econômicos que a empresa busca. Entretanto, ignora-se, em certos casos, a realidade institucional que cerca a atuação das organizações.

A Visão Institucional

Embora o comportamento ético e socialmente responsável das empresas tenha várias naturezas, as divergências das visões apresentadas são relativizadas em função do ambiente institucional em que a atividade de negócios ocorre. É relevante a definição que Douglass North (também prêmio Nobel em economia) oferece para caracterizar a importância do *ambiente institucional* e sua relação com o desempenho e a conduta dos *agentes* econômicos em um determinado mercado, aplicando essa abordagem à análise da história econômica. As instituições são os limites que as sociedades se impõem para estruturar as relações políticas, econômicas e sociais. Podem ser tanto formais (constituições, leis, direitos de propriedade) como informais (crenças, tradições, códigos de conduta e costumes). North procura estabelecer uma relação entre instituições e organizações: as instituições constituem as *regras do jogo* e as organizações são os *jogadores*.

De acordo com essa abordagem, as limitações impostas pelo contexto institucional ajudam a definir o conjunto de oportunidades e, como conseqüência, os tipos de organizações que serão criadas e sua forma de conduta. As organizações existentes em um determinado mercado e a forma como interagem são influenciadas pelo ambiente institucional. Mudanças nesse ambiente podem levar a mudanças na forma de conduta das organizações, e ao surgimento de outras. Em alguns ambientes institucionais, os condicionantes competitivos para a atuação de forma socialmente responsável podem se tornar restritivos. O *darwinismo* econômico cria pressões nas empresas para a produção de bens desejados pelos consumidores ao menor custo possível e com mais qualidade. Se as empresas adotam políticas ineficientes, a competição fará pressão para se adaptarem. Se elas não conseguirem adaptar-se no longo prazo, tendem a sair do mercado.

As instituições e a efetividade do *enforcement* (fazer valer) determinam os *custos de transação* entre *agentes* em um determinado mercado. Instituições efetivas são aquelas que elevam os benefícios de soluções cooperativas ou os custos de defecção, em termos de teoria dos jogos. Quanto aos custos de transação, instituições efetivas reduzem os custos de funcionamento do sistema econômico (trocas), aumentando os ganhos do comércio. As instituições positivas, formais e informais, propiciam relações de confiança entre os *agentes*, valorizam o mérito, o esforço empreendedor e o senso de comunidade. Em síntese, as instituições positivas seriam aquelas que motivam a conduta ética das empresas, por serem redutoras de custos de transação.

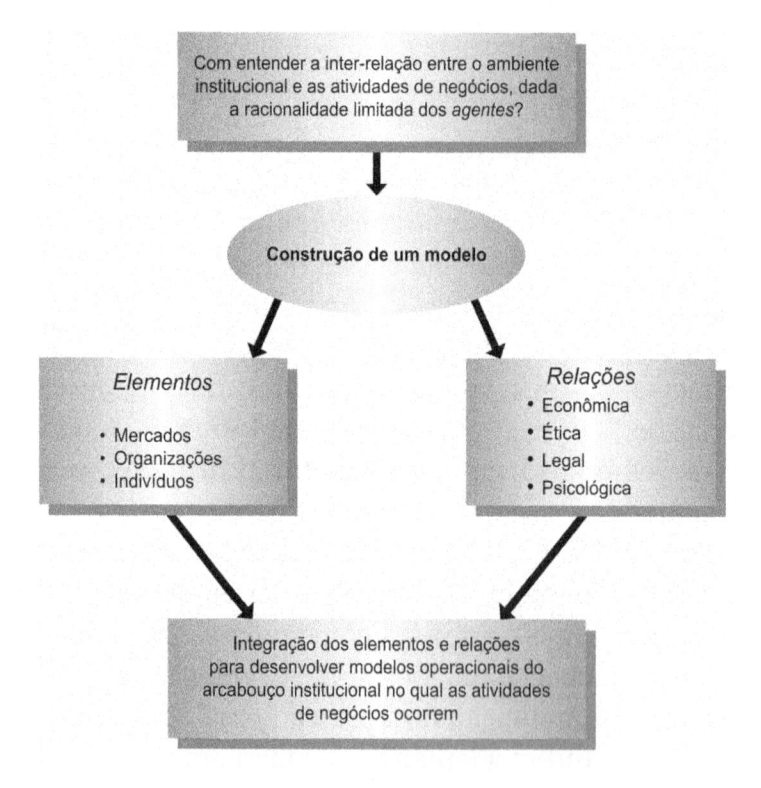

> Com entender a inter-relação entre o ambiente institucional e as atividades de negócios, dada a racionalidade limitada dos *agentes*?
>
> Construção de um modelo
>
> *Elementos*
> - Mercados
> - Organizações
> - Indivíduos
>
> *Relações*
> - Econômica
> - Ética
> - Legal
> - Psicológica
>
> Integração dos elementos e relações para desenvolver modelos operacionais do arcabouço institucional no qual as atividades de negócios ocorrem

Fonte: Dienhart, 2000.

Figura 1.2 – Construção de modelo: o ambiente institucional e as atividades de negócios.

A Figura 1.2 ilustra um modelo que permite um melhor entendimento da complexa inter-relação entre os aspectos psicológicos, éticos, econômicos e legais que compõem o ambiente institucional onde se desenvolvem as atividades de negócios.

O autor propõe que, para entender a inter-relação entre o ambiente institucional e a atividade de negócios, considerando-se a racionalidade limitada dos *agentes*, é necessária a estruturação de um modelo que integre os elementos que moldam o ambiente institucional (mercado, organizações e indivíduos) e as relações existentes nas dimensões econômica, ética, legal e psicológica.

As instituições são essencialmente mecanismos sociais que usam regras e princípios éticos, econômicos e legais para coordenar "comportamentos". O ambiente institucional (formal e informal) define conjuntos de direitos de propriedade sobre ativos de valor, o que, por sua vez, definirá ações estratégicas das corporações. Um exemplo é a lei norte-americana de responsabilidade civil, que prevê multas para empresas que afetarem a sociedade, o que as leva a ações focalizadas de estabelecimento de normas e códigos de ética internos. Ou seja, *instituições* afetam as *organizações*.

Visto de outra forma, em função do contexto institucional no qual a atividade de negócios se desenvolve, o comportamento ético é o espelho do grau de desenvolvimento institucional vigente. O ambiente institucional (formal e informal), balizará, em cada situação, a natureza, o grau e o tipo de conduta socialmente responsável que as empresas irão manifestar.

Os argumentos apresentados buscam explicar como a intensificação do fluxo informacional e a internacionalização dos mercados têm induzido as empresas a desenvolverem ações visando manter ou ganhar reputação. E, nesse processo, eleva-se a preocupação com o comportamento ético e socialmente responsável.

Responsabilidade Social e Agregação de Valor para as Empresas

Ao mesmo tempo em que se aprofunda o debate na comunidade acadêmica sobre a questão da responsabilidade social e da ética, cresce também, na comunidade de negócios, o questionamento sobre a real conexão entre as práticas de responsabilidade social e o desempenho econômico e financeiro das empresas. Esse tipo de correlação vem sendo analisado em vários estudos acadêmicos recentes, embora com resultados, muitas vezes, contraditórios e inconclusivos.

No ambiente empresarial, a percepção de que o exercício da responsabilidade social pode trazer retornos à empresa é crescente, embora com pouca comprovação empírica. A relação entre ações de responsabilidade social e desempenho financeiro é essencialmente inconclusiva, pois, dependendo do contexto, evidentemente existirão correlações positivas e negativas entre o investimento em ações de responsabilidade social e os ganhos financeiros.

Adicionalmente, o desafio da demonstração dessa relação é explicável, pois alguns tipos de ações de responsabilidade social, como o envolvimento comunitário (filantropia), as ações ambientais, entre outras, não têm ligações diretas facilmente mensuráveis com a operação dos negócios. Mas, *a priori*, não existem contradições entre a busca de lucro por parte das organizações e de conduta ética e desempenho social efetivos pelas sociedades, a depender das sinalizações (incentivos e limites) definidas pelo contexto institucional.

Uma grande mudança no contexto institucional é o processo de integração dos mercados que tem induzido as empresas a elevarem seus padrões de comportamento ético. As empresas multinacionais, por exemplo, enfrentam o desafio de comunicar as práticas e os valores éticos a seus milhares de funcionários, que trabalham em diferentes sistemas institucionais (culturais e legais). Nesse sentido, as diferenças na conduta ética em ambientes distintos podem estar se reduzindo, especialmente nas empresas mais expostas à economia global. A economia globalizada, com redes interconectadas, induz as empresas a agirem dessa forma, pois o risco de sofrerem sanções legais e perdas de reputação cresce, já que decisões corporativas transcendem as fronteiras políticas e culturais dos países.

A reputação das empresas para o comportamento ético, incluindo sua integridade percebida em lidar com clientes, fornecedores e outras partes, é parte do valor da sua marca ou nome. Isso é refletido em sua avaliação, assim como o capital humano individual é baseado, em parte, em sua reputação para o comportamento ético. Nesse sentido, mercados privados propiciam potencialmente importantes incentivos para o comportamento ético ao imporem custos a organizações e indivíduos que rompem padrões éticos estabelecidos.

O que poderia acontecer se uma multinacional de origem alemã ou francesa, inglesa ou norte-americana fosse flagrada com uma atuação socialmente irresponsável em um determinado local longe do seu país-sede (por exemplo, utilizando mão-de-obra escrava no sertão nordestino)? Descoberto o fato, rapidamente a notícia vazaria em tempo real pelo canal norte-americano CNN ou qualquer outro veículo da mídia. E as ações da empresa fatalmente despencariam, nas bolsas de Nova York, Londres, Tóquio, Paris, enfim, em todos os mercados onde a empresa pudesse ter ações emitidas, como conseqüência da deterioração do seu capital reputacional. Esse seria um primeiro reflexo de uma cadeia de fatos que levariam a conflitos com fornecedores e com clientes, sanções legais etc.

As empresas que desenvolvem um comportamento socialmente questionável, intencionalmente ou não, correm o risco de atrair a atenção da mídia, que, por sua vez, pode causar danos irreversíveis à sua imagem, comprometendo a sua própria sobrevivência, como em alguns eventos ligados a espoliação ambiental, exposição a riscos da comunidade circunvizinha, práticas lesivas aos funcionários, para citar alguns exemplos. Já as práticas sociais positivas podem obter o efeito contrário, chamando a atenção da opinião pública, dos clientes, consumidores e governo de maneira positiva.

Em outras palavras, esses são aspectos de *estratégia* empresarial que não perdem de vista a função-objetivo de criação de valor para a empresa. Essa é a lógica positiva que direciona a preocupação socialmente responsável das empresas.

Mas o processo não deve ser visto apenas como uma resposta *pragmática* das empresas em relação ao seu ambiente. Na verdade, ele reflete também a própria evolução institucional das sociedades, no sentido proposto por Douglass North. Por que a separação das empresas e da sociedade? Na verdade, as empresas, como outros tipos de organização, são integrantes da chamada "sociedade civil". São formadas por "pessoas" e, portanto, a conduta das pessoas na atividade de negócios não é descasada da sua prática no dia-a-dia como cidadãos.

A evolução institucional ocorre também no sentido de que as pessoas estão mais conscientes dos seus direitos e deveres sociais, menos tolerantes a práticas abusivas e antiéticas. Isso, evidentemente, se reflete na condução das empresas, não apenas como resposta "pragmática" ao ambiente, mas porque os "indivíduos" que conduzem as empresas, nos seus diversos níveis de decisão e ação, são *parte integrante* da sociedade, e nesse sentido também refletem as mudanças dos seus valores.

O Ambiente Institucional, o Desempenho Socioeconômico e a Ética

A importância do ambiente institucional para o grau de desenvolvimento social e econômico dos países pode ser ilustrada pela análise dos dados agregados do Índice de Desenvolvimento Humano (IDH) dos países ranqueados pelo Programa das Nações Unidas para o Desenvolvimento (PNUD), do índice de transparência e do índice de competitividade monitorado pelo Fórum Econômico Mundial.

Existe grande convergência entre os índices de desenvolvimento humano, transparência e competitividade. Os melhores países no ranking do IDH via de regra também figuram entre os melhores nos índices de transparência e de competitividade.

Tabela 1.1 – Ranking dos 12 primeiros países nos indicadores de desenvolvimento humano, transparência e competitividade

IDH	Transparência	Competitividade
Noruega	Finlândia	Estados Unidos
Suécia	Dinamarca	Finlândia
Canadá	Nova Zelândia	Taiwan
Bélgica	Irlanda	Singapura
Austrália	Singapura	Suécia
Estados Unidos	Suíça	Suíça
Irlanda	Canadá	Austrália
Países Baixos	Luxemburgo	Canadá
Japão	Holanda	Noruega
Finlândia	Reino Unido	Dinamarca
Suíça	Austrália	Reino Unido
França	Noruega	Irlanda

Fonte: PNUD/Fórum Econômico Mundial, 2003.

Fica a questão: o que esses países possuem em comum? O leitor poderá ser instigado a buscar a resposta. Podem-se propor algumas respostas simplistas, como a visão da exploração norte-sul, império *versus* colônia, explicação que não se sustenta em uma análise mais detida, ao considerarmos que muitos desses países são ex-colônias européias. Em termos de modelos de política econômica também vemos ambientes distintos, pois coexistem o modelo anglo-saxão, com menor participação do Estado em alguns países (por exemplo, Inglaterra e Estados Unidos), e os modelos com maior participação do Estado na distribuição da riqueza (*welfare state*), como o exemplo dos países nórdicos europeus.

Em um ponto central existe convergência entre os principais países do ranking do IDH: são na maior parte sociedades estáveis, com instituições de governança democráticas e abertas, que foram estabelecidas e que vêm sendo aprimoradas há décadas ou mesmo séculos. Nesses ambientes, a sociedade civil no seu sentido mais amplo se organiza, o exercício da cidadania, os direitos e deveres se consolidam, cada qual à sua maneira, de forma endógena, ao mesmo tempo em que ela é influenciada pelos exemplos de outras sociedades. Mas as sociedades, democraticamente, construíram as suas próprias instituições, com base em sua herança cultural, seus valores e crenças.

Outra argumentação vigente é a da característica excludente do processo de globalização, que estaria concentrando riqueza nos países mais ricos e ampliando os níveis de pobreza no restante do mundo. A tese tem pouca sustentação em análise mais profunda. Ao contrário, os países mais expostos ao comércio mundial são exatamente os que conseguem maiores níveis de desenvolvimento econômico e social. Em vez de "menos globalização", a agenda dos países em desenvolvimento e das ONGs ligadas a movimentos sociais deveria levantar a bandeira da "globalização ampla, geral e irrestrita", por meio de pressões na Organização Mundial do Comércio (OMC) e sobre os próprios governos, exigindo níveis mais altos de transparência na governança pública, respeito a contratos e direitos de propriedade, abrindo espaço para a disseminação do capital globalizado. Entretanto, na América Latina, o debate sobre os efeitos da globalização em base mais racional e menos emocional ainda levará algum tempo para prevalecer, ante a contaminação ideológica que o tema sofre.

Com esse pano de fundo, os capítulos seguintes abordam as definições e os debates em torno do tema da responsabilidade social corporativa, da ética empresarial, governança corporativa e da evolução do papel do terceiro setor, ilustrando com exemplos e situações reais vivenciadas contemporaneamente pelas empresas.

Caso 1.1 – A Nestlé e as ações de responsabilidade social

A Nestlé é uma empresa multinacional de origem suíça, presente nos cinco continentes, com cerca de 220 mil funcionários em todo o mundo. Foi criada em 1867, por Henri Nestlé, com o lançamento da Farinha Láctea Nestlé, alimento à base de cereais e leite para crianças. A Nestlé teve um faturamento mundial consolidado da ordem de 90 bilhões de dólares, com 511 fábricas em 86 países e mais de 253 mil funcionários (dados de 2003).

No Brasil, a empresa se instalou em 1921, com uma unidade industrial em Araras/SP. Em 2003 possuía cerca de 15 mil funcionários, em 26 unidades industriais, com faturamento de 9,6 bilhões de reais (dados do site Nestlé. Disponível em: www.nestle.com.br).

A linha de produtos é extensa, com cerca de 1.300 itens de uma grande variedade: leites, leites infantis, especialidades dietéticas, alimentos infantis, culinários, caldos, sopas, temperos, molhos, massas,

(cont.)

chocolates, congelados, cereais matinais, biscoitos, balas, confeitos, achocolatados, cafés, iogurtes, sobremesas, sucos e sorvetes, entre outros. A empresa possui também uma linha de *food-service* (alimentação fora do lar) e outra de alimentos para animais domésticos.

A Nestlé tem algumas diretrizes gerais que são seguidas por suas filiais no mundo todo, consolidadas em um documento-padrão intitulado "Princípios Nestlé de Gestão Empresarial". Nesse documento explicita-se a orientação geral da empresa de criar valor para os seus *stakeholders*:

A finalidade dos negócios da Nestlé, exercidos por suas gerências e colaboradores de todos os níveis, é fabricar e vender seus produtos de forma a criar valor sustentável no longo prazo para os consumidores, acionistas, colaboradores, parceiros comerciais e aos sistemas econômicos dos países onde opera (Nestlé, 2004, p. 4).

A Nestlé impõe um código básico de ética para balizar as suas ações em alguns temas, como as relações da empresa com os consumidores, a proteção ambiental, não se utilizar de trabalho infantil, manter ambiente de trabalho sem discriminações, relações éticas com fornecedores e parceiros comerciais. Essas premissas básicas devem ser seguidas por todas as filiais no mundo.

A preocupação da Nestlé com os aspectos de responsabilidade social decorre, em essência, da alta exposição e visibilidade internacional da empresa. Existem princípios básicos de conduta definidos no âmbito da matriz que devem ser seguidos por todas as suas filiais no mundo.

A partir da orientação global, as filiais se adaptam aos respectivos ambientes institucionais para a definição de projetos específicos no âmbito da responsabilidade social. No Brasil, a empresa segue os princípios básicos da matriz, nas questões de meio ambiente, relações trabalhistas, relações com fornecedores e clientes, e o foco é o cumprimento das normas e padrões legais vigentes, seguindo tanto a legislação do país quanto as normas específicas de organismos internacionais, como a Organização Internacional do Trabalho (OIT) e a Organização Mundial da Saúde (OMS).

Cumprindo essas diretrizes básicas, cada filial tem autonomia para desenvolver programas específicos e incluir outras ações de

(cont.)

responsabilidade social, desde que não-conflitantes com as diretrizes estabelecidas. No Brasil, a Nestlé investe em programas nas áreas de educação, saúde e cultura, além do tratamento específico às questões ambientais.

Especificamente em relação às ações sociais, estas passaram a ser parte de uma preocupação estratégica da empresa a partir de 1999. As ações pontuais e descentralizadas realizadas anteriormente passaram a ter um componente estratégico para a organização.

Por determinação do conselho da empresa, tornou-se importante para a Nestlé desenvolver no Brasil uma linha de ação social articulada com a atividade de negócios, para agregar valor à sua imagem corporativa. Assim surgiu o programa Nutrir, que passou a ser a forma de expressão mais visível das ações de responsabilidade social da empresa, tanto para o público externo como para o público interno de funcionários.

A Nestlé é essencialmente motivada pela visão socioeconômica das ações de responsabilidade social. A preocupação expressa formalmente em documentos da empresa, quanto ao seu relacionamento com seus *stakeholders*, é de que estas ações visem maximizar o valor dos acionistas, a partir de uma estratégia que leva em conta os interesses das demais partes.

Mundialmente, a preocupação da Nestlé com a reputação corporativa fez com que ela figurasse na lista das empresas mais admiradas do mundo da revista *Fortune* (2002), ocupando a 32ª posição geral e a 1ª no setor de alimentos. Na pesquisa da revista, os itens considerados são: qualidade da administração, talento dos funcionários, capacidade financeira, qualidade de produtos e serviços, capacidade de inovação, uso dos ativos corporativos, grau de globalização e responsabilidade social.

Resumo do Capítulo

O debate central deste capítulo apresenta visões ideológicas distintas sobre o papel das empresas na sociedade. Embora divergentes em seus pressupostos, tais visões podem convergir na prática. O trabalho de Michael Jensen (2000) captou com clareza a convergência dessas visões ao propor um enfoque que ele denomina *enlightened stakeholder theory*: as empresas devem ter objetivos claros de criação de valor (*value creation*), sendo esse o parâmetro básico que deve guiar as ações dos gestores. Assim, a função-objetivo clássica da empresa continua vigente. Entretanto, para atingir os objetivos clássicos, importa-lhe cada vez mais a preocupação com o conjunto dos seus *stakeholders*, daí a contribuição dessa teoria para a formulação das estratégias das organizações.

As mudanças institucionais, decorrentes da evolução tecnológica, que estão levando à intensificação do fluxo informacional e à internacionalização dos mercados, bem como novos marcos regulatórios especialmente em questões ambientais e sociais, têm induzido as empresas a desenvolverem ações buscando manter ou ganhar reputação. E, nesse processo, cresce a preocupação com o comportamento ético e socialmente responsável.

CAPÍTULO 2

RESPONSABILIDADE SOCIAL: AS DIMENSÕES ECONÔMICA, ÉTICA, LEGAL E DISCRICIONÁRIA

"A ética trata de valores. A ciência não tem como prová-los, até porque faz parte do cerne deles que sejam plurais e frágeis. São plurais, porque valores diferentes e mesmo opostos são igualmente legítimos. São frágeis pela mesma razão: não há como afirmar seu caráter absoluto... – afora alguns princípios gerais, como o do respeito à pessoa do outro."

Ribeiro, 2002, p. 21

Objetivos do Capítulo

- Apresentar o significado do termo responsabilidade social, e o seu desdobramento nas responsabilidades econômicas, legais, éticas e discricionárias.

- Apresentar os argumentos favoráveis, contrários e convergentes às ações de responsabilidade social corporativa.

- Relacionar os conceitos de ética empresarial e responsabilidade social.

- Relacionar os conceitos de responsabilidades ética e legal.

- Compreender a importância do ambiente legal como indutor da conduta ética e socialmente responsável.

O Conceito de Responsabilidade Social

Ainda não existe um conceito plenamente aceito sobre responsabilidade social. Confunde-se, muitas vezes, responsabilidade social com "ações sociais", reduzindo o seu escopo com atividades de cunho filantrópico. Esse reducionismo é inadequado, distorcendo a essência do que se espera de uma conduta socialmente responsável das empresas. De acordo com o Business for Social Responsibility (BSR),[1] embora não exista uma definição unanimemente aceita para o termo *responsabilidade social corporativa*, a expressão se refere, de forma ampla, a decisões de negócios tomadas com base em valores éticos que incorporam as dimensões legais, o respeito pelas pessoas, comunidades e meio ambiente.

---

[1] Principal entidade mundial na área de responsabilidade social, reunindo cerca de 1.600 empresas que representam um faturamento total de mais de 1,5 trilhão de dólares.

O *BSR Institute* sustenta que o conceito de empresa socialmente responsável se aplicará àquela que atue no ambiente de negócios de forma que *atinja* ou *exceda* as expectativas éticas, legais e comerciais do ambiente social na qual a empresa se insere.

Embora essa definição de *empresa socialmente responsável* possa parecer intuitivamente simples (atingir ou exceder expectativas da sociedade), existe uma grande complexidade em torno do termo. Archie Carroll (1979) propõe a subdivisão da responsabilidade social nas dimensões econômica, legal, ética e filantrópica (Figura 2.1). A *responsabilidade econômica* envolve as obrigações da empresa de serem produtivas e rentáveis. A responsabilidade social da atividade de negócios é econômica por natureza, pois a instituição de negócios é a unidade econômica básica de nossa sociedade.

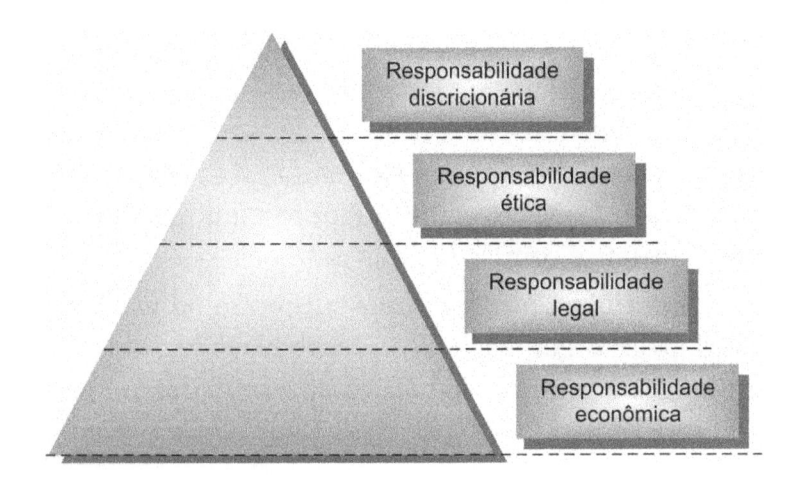

Fonte: Carroll, 1979.

Figura 2.1 – A pirâmide de Carroll.

A *responsabilidade legal* corresponde às expectativas da sociedade de que as empresas cumpram suas obrigações de acordo com o arcabouço legal existente. A *responsabilidade ética* refere-se às empresas que, dentro do contexto em que se inserem, tenham um comportamento apropriado de acordo com as expectativas existentes entre os *agentes* da sociedade. A *responsabilidade discricionária (filantrópica)* reflete o desejo comum de que as empresas estejam ativamente envolvidas na melhoria do ambiente social. Essa última dimensão da responsabilidade social vai, portanto, além das funções básicas tradicionalmente esperadas da atividade empresarial, e pode ser considerada como uma extensão da dimensão ética.

A subdivisão apresentada na Figura 2.1 é um importante referencial para a operacionalização dessas variáveis; entretanto, as fronteiras entre essas dimensões são extremamente tênues, e em muitas situações são sobrepostas. Além disso, esses conceitos variam em função do ambiente institucional, conforme apontado no Capítulo 1. O que é considerado um comportamento ético ou socialmente responsável pode variar de forma significativa em função do *ambiente institucional* no qual as empresas se inserem, englobando a natureza e a qualidade de suas relações com um conjunto mais amplo dos seus *stakeholders* atuais e com as futuras gerações.

Em síntese, os argumentos que suportam ou vão contra as ações sociais das organizações consideram aspectos ideológicos e pragmáticos, e refletem as visões apresentadas no capítulo anterior (visão dos *stockholders versus* visão dos *stakeholders*).

Argumentos Favoráveis ao Engajamento das Empresas em Ações Sociais

Os argumentos que suportam as ações sociais são baseados em aspectos éticos ou em instrumentos racionais.

Os argumentos *éticos* são derivados de princípios religiosos, referencial filosófico ou normas sociais prevalecentes. Em síntese, tais argumentos sugerem que a firma *deve* se comportar de uma maneira socialmente responsável *porque é moralmente correto agir assim*. Possuem um forte componente normativo.

O argumento *instrumental* em favor da responsabilidade social é baseado em algum tipo de cálculo racional, segundo o qual o comportamento socialmente responsável beneficiará a empresa como um todo, ao menos no longo prazo. Essa linha de argumentação salienta que, agindo racionalmente, a empresa pode minimizar riscos de perda de reputação e explorar oportunidades de criação de diferenciação em relação aos competidores menos "socialmente responsáveis".

Argumentos Contrários ao Engajamento das Empresas em Ações Sociais

Os argumentos contra as ações sociais são baseados na função institucional das organizações ou na perspectiva de direitos de propriedade.

O argumento contrário a essas ações baseado no conceito da função institucional assume que outras instituições, como o governo, sindicatos, igrejas e organizações civis, existem para realizar o tipo de função requerida pela responsabilidade social. Outro ponto é que os gestores de empresas de mercado não possuem habilidades e/ou tempo para implementar ações de cunho público.

Esse argumento é fortemente sustentado na premissa do auto-interesse, de acordo com o qual a resultante para a sociedade seria melhor se as empresas se concentrassem na sua função-objetivo de gerar tanto lucro quanto possível consoante as regras do jogo, em uma economia de mercado livre e aberto. Caberia ao governo estabelecer os aspectos regulatórios, definindo as regras do jogo, para evitar os desvios relativos ao poder de monopólio e às externalidades, entre outras disfunções da economia de mercado. Também ao governo caberia a alocação de recursos advindos de impostos e taxas gerados a partir da atividade econômica privada, visando a redistribuição de renda e a alocação mais eficiente dos recursos para aspectos sociais.

O outro argumento contrário às ações de cunho social é baseado no *direito de propriedade*, também enraizado na análise econômica neoclássica. Essa perspectiva mantém que os administradores não têm outro direito que não seja o de aumentar o valor do acionista. O incentivo formal dado pelas organizações focaliza o desempenho no âmbito do mercado.

Segundo tal perspectiva, existe apenas uma responsabilidade social da empresa na atividade de negócios: utilizar seus recursos e engajar-se em atividades delineadas para incrementar lucros tanto quanto possíveis dentro das regras do jogo, qual seja, engajar-se em um mercado livre e competitivo sem fraudes.

Essa linha de argumentação, que tem como referência as idéias de Milton Friedman, enfatiza que poucas tendências podem minar tão completamente os fundamentos da nossa livre sociedade como a aceitação, pelos executivos das corporações, de outras responsabilidades sociais que não a de gerar tanto dinheiro quanto possível para seus acionistas. Outra forma de atuação seria uma violação das responsabilidades legais, morais e fiduciárias, e caracterizaria um conflito de *agência*.

A crítica é atenuada quando o gestor e o proprietário são o mesmo indivíduo; nesse caso, não haveria conflito de agência, pois o gestor utilizaria recursos "do próprio bolso". Entretanto, mesmo em tal situação, existe o argumento de que, de alguma forma, podem ser alocados custos adicionais aos funcionários e clientes:

> A situação do proprietário-indivíduo é de certa forma diferente. Se ele age reduzindo retornos de sua empresa para exercitar sua responsabilidade social, ele está gastando seu próprio dinheiro, não de outros. Se ele deseja gastar seus recursos neste propósito é seu direito, e eu não posso ver nenhuma objeção para tanto. No processo, ele, também, pode impor custos aos funcionários ou consumidores. Entretanto, como é de longe menos provável que ele possa exercer poder monopolístico como uma grande corporação, tais efeitos tenderão a ser menores. (Friedman, 1970, p. 122)

A Convergência dos Argumentos Pró e Contra

Vale destacar um ponto que, muitas vezes, é pouco notado nos debates sobre responsabilidade social, que freqüentemente resvalam para o campo ideológico sem aprofundamento da essência do conceito da responsabilidade social. Existe um problema de semântica, uma vez que a interpretação do significado do termo responsabilidade social não é homogêneo. Mas, usando como referencial o modelo de Carroll, tanto as visões críticas como as favoráveis às ações de responsabilidade social (visão dos *stockholders versus* visão dos *stakeholders*) concordam quanto às responsabilidades representadas nos três primeiros degraus da pirâmide de Carroll (econômica, legal e ética).

Em boa medida, a "demonização" que alguns críticos fazem à visão de Friedman advém dessa confusão em torno do conceito de responsabilidade social. Pode-se reduzir o foco da divergência apenas na parte de responsabilidade "discricionária ou filantrópica" (o último degrau na pirâmide de Caroll), que é apenas uma componente do conceito mais amplo de responsabilidade social.

Mesmo com relação ao componente da responsabilidade discricionária, podem existir convergências. A relação cooperativa espontânea entre as empresas e a sociedade é justificada, na ótica da maximização do valor, nas situações em que a empresa venha a se beneficiar de um ambiente positivo de relacionamento social, por meio de melhoria de imagem ou reputação que gere criação de valor no longo prazo. Entretanto, em outro contexto, essa relação poderá implicar um desalinhamento de objetivos entre acionistas e gestores, o que levaria a um potencial conflito de interesses. A terceira situação seria aquela na qual os acionistas obtêm algum tipo de retorno não-pecuniário a partir de uma postura socialmente positiva, em consonância com o desejo dos demais *stakeholders*. Em termos econômicos, seria a situação em que os acionistas derivam utilidade do truísmo (além do auto-interesse), como sugere Amartya Sen.

Assim, considerando a ótica maximizadora, a empresa teria retorno econômico pelo aumento da sua reputação. No caso de os acionistas obterem outros tipos de retornos não-pecuniários de ações sociais, mesmo sem ganhos econômicos, também não haveria desalinhamento de interesses entre o *agente* e o *principal*. Apenas no caso de o tipo de ação social não implicar ganhos econômicos pelo aumento do capital reputacional, e também por não fazer parte da função-utilidade dos acionistas, é que ocorreriam problemas de *agência*.

Quando o exercício da conduta socialmente responsável das empresas vai além do seu compromisso estritamente econômico/ético/legal, por meio do engajamento em projetos sociais (responsabilidade discricionária), recursos são alocados para atividades que não estão diretamente relacionadas com os objetivos de negócios imediatos. Esse tipo de ação de responsabilidade social pode ser encarado sob três aspectos:

a) Podem advir dos valores dos seus acionistas, que, independentemente dos possíveis retornos que elas possam trazer para as atividades principais, entendem que a empresa deve engajar-se em práticas sociais.

b) Podem ser determinadas por uma visão pragmática, segundo a qual, de alguma forma, podem trazer retornos para a empresa, sendo, nesse caso, uma estratégia de busca de valor (*value seeking*) por parte da organização.

c) Podem derivar de gestores que vêem nessa prática uma forma de obter ganhos pessoais, poder, autoridade na comunidade local, independentemente de haver ou não alinhamento com os interesses da organização.

A alternativa (a) parte da visão de que não é unicamente o auto-interesse que rege os seres humanos. É uma visão benigna da atuação da empresa na sociedade.

A alternativa (b) parte do pressuposto de que o *capital social reputacional* das empresas tende a crescer com ações sociais, demonstração de preocupação ecológica e com os impactos ambientais, ações de filantropia e outras formas de interação com a comunidade na qual a organização está inserida.[2]

---

[2] "... para ilustrar, pode bem ser do interesse de longo prazo de uma corporação, que seja a maior empregadora em determinada comunidade, devotar recursos para prover amenidades para aquela comunidade ou melhorar o seu governo. Isto pode facilitar a atração dos empregados desejados, pode reduzir despesas trabalhistas, reduzir perdas de pilhagem ou sabotagem ou ter outros efeitos válidos. Ou pode ser que, dadas as leis sobre dedutibilidade em função das contribuições de caridade, os acionistas podem contribuir diretamente com recursos para caridade que de qualquer forma seriam pagos na forma de taxas e impostos pela corporação." (Friedman, 1970, p. 123)

Já a alternativa (c) constitui-se em um problema de governança, pois existe desalinhamento de interesses entre o gestor e os *principais*. Muitos acionistas poderiam preferir, por exemplo, receber dividendos e alocá-los conforme suas preferências, inclusive investindo eles próprios em ações sociais, em vez de a empresa fazê-lo.

A Figura 2.2 ilustra outro modelo de duas dimensões para classificação das visões existentes sobre a responsabilidade social.

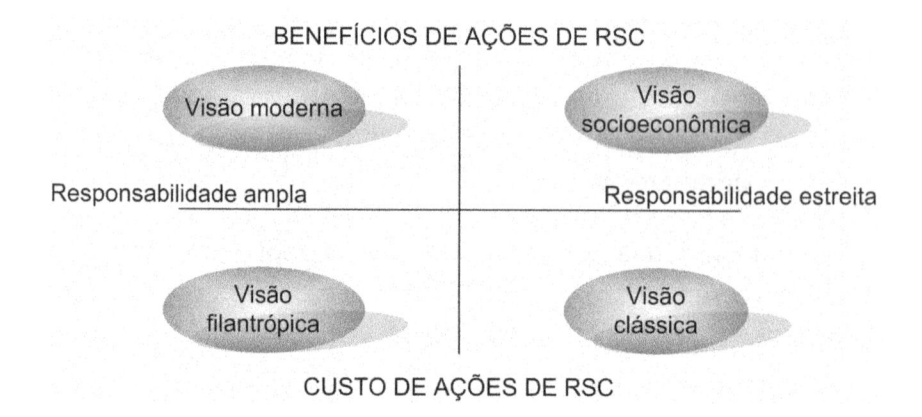

BENEFÍCIOS DE AÇÕES DE RSC

Visão moderna | Visão socioeconômica

Responsabilidade ampla | Responsabilidade estreita

Visão filantrópica | Visão clássica

CUSTO DE AÇÕES DE RSC

Fonte: Quazi e O'Brien (2000).

Figura 2.2 – Modelo bidimensional de responsabilidade social corporativa (RSC).

Nesse modelo, existem duas vertentes da responsabilidade social: a *responsabilidade ampla*, que compreende as atividades de negócios que vão além das responsabilidades clássicas econômicas da empresa, e a *responsabilidade estreita*, segundo a qual a função-objetivo da empresa é basicamente a maximização do valor para o acionista, e a isso a organização deve se ater.

A responsabilidade ampla se desdobra em dois tipos de visão: a visão *moderna*, de que no longo prazo as ações de responsabilidade social trazem benefícios para a empresa. A outra visão, denominada *filantrópica*, defende as ações de responsabilidade social mesmo que não tragam retornos para a empresa. Em síntese, a responsabilidade que o autor denomina *ampla* está em sintonia com a visão dos defensores das ações de responsabilidade social.

A responsabilidade estreita se desdobra também em duas visões: a visão *socioeconômica*, que considera que a função-objetivo da empresa é a maximização do valor para o acionista, mas que as ações de responsabilidade social podem ajudar nessa geração de valor. E a visão *clássica*, que defende que as ações de responsabilidade social não geram valor para a empresa, e não devem ser desenvolvidas.

Deve-se notar que a convergência em favor da responsabilidade social se dá entre as visões "moderna" e "socioeconômica". De acordo com ambas, as ações de responsabilidade social estariam gerando valor para a empresa.

Ética e Responsabilidade Social

A ética é um padrão moral não governado por lei que focaliza as conseqüências humanas das ações. Freqüentemente requer um comportamento que atinja padrões mais altos que os estabelecidos por lei, acima de ações calculadas para produzir um benefício tangível. A ética trata de juízos de valor, qualificando a conduta humana do ponto de vista do bem e do mal, seja relativamente a determinada sociedade, seja de modo absoluto.

O campo da ética incorpora teorias que enfatizam diferentes *stakeholders*. Essas teorias são potencialmente capazes de gerar interpretações conflituosas do que seria ético ou antiético. Em uma abordagem normativa há dois tipos distintos de visão sobre a ética: a *conseqüencialista* e a *não-conseqüencialista*.

A visão *conseqüencialista* sugere que a avaliação moral de uma ação está ligada aos resultados que a ação produz, irá produzir ou intenciona produzir. É aquela representada pela expressão *os fins justificam os meios*.

A visão *não-conseqüencialista* sugere que é a *natureza* do ato que importa, não o resultado. Tal visão propõe, por exemplo, que a *quebra de uma promessa* é errada, independentemente das conseqüências que resultam dessa quebra. Segundo a visão não-conseqüencialista, os fins *não* justificam os meios.

Na visão *conseqüencialista*, algumas categorias diferem, especialmente as relacionadas com o resultado final (conseqüências para quem?). Existem duas categorias: *egoísmo* e *utilitarismo*. A primeira diz respeito à busca do interesse individual como princípio-guia: a visão egoísta considera que um ato é moralmente correto se e somente se ele promove o interesse de longo prazo do *agente*.

A categoria utilitarista advoga que todos os afetados pela ação ou decisão devem ser levados em conta: utilitarismo é a doutrina moral segundo a qual se deve sempre agir para produzir o melhor balanço possível do bem sobre o mal, para todos afetados pela ação.

De acordo com a categoria utilitarista, uma ação é ética se resulta em maior benefício ou bem para um número maior de pessoas. Os direitos e as responsabilidades individuais são ignorados em favor dos direitos e das responsabilidades coletivas.

O economista Amartya Sen desenvolve uma consistente crítica da polarização entre egoísmo e utilitarismo:

> A tradicional dicotomia entre egoísmo e utilitarismo é enganosa em vários aspectos, inclusive no fato de os grupos que atuam como intermediários entre o indivíduo e o todo – como classe, comunidade ou grupos ocupacionais – fornecerem o enfoque para muitas ações que envolvem comportamento com comprometimento (*commited behaviour*). Os membros de cada grupo podem ter interesses que são em parte convergentes e em parte conflitantes. As ações baseadas na lealdade ao grupo podem implicar, em alguns aspectos, um sacrifício de interesses puramente pessoais, assim como podem também facilitar, em outros aspectos, maior realização do auto-interesse. (Sen, 1999, p. 31)

É interessante notar, com base na argumentação de Sen, que a lealdade de grupo, muitas vezes, diz respeito à realização do auto-interesse, mas freqüentemente pode estar em conflito com interesses de outros *agentes*, fazendo emergir outro tipo de dilema ético. Tome-se como exemplo uma situação de greve em um setor de atividade econômica essencial, como o setor de saúde pública. Em um certo sentido, a lealdade e sua ação coletiva relacionam-se com a busca do auto-interesse desse grupo, podendo causar sérias externalidades a outros indivíduos. Até que ponto a busca do auto-interesse em uma situação como a descrita caracteriza um dilema ético? E se um indivíduo do grupo rompe a lealdade com seus pares e não participa da greve? Está sendo antiético? Com relação a quem?

Os conflitos éticos podem ser de dois tipos: *problemas éticos* e *dilemas éticos*.

O *problema* ético ocorre quando o indivíduo não quer fazer aquilo que julga correto. O *dilema* ético ocorre quando qualquer decisão a ser tomada pelo indivíduo irá violar importantes questões éticas. O exemplo anterior pode ser caracterizado claramente como um dilema ético, pois qualquer ação do indivíduo estará ferindo interesses de outros, sejam os membros do seu grupo, sejam os indivíduos afetados pelo movimento grevista.

Tais argumentos e exemplos já demonstram em si a complexidade do tema ético. Adicionalmente, se o próprio conceito de ética já é complexo quando aplicado ao comportamento do indivíduo, ele o é mais ainda quando se trata da questão ética das organizações. Uma empresa é, acima de tudo, um *conjunto de indivíduos*. Ou mais precisamente, um conjunto de contratos (explícitos e implícitos) que colocam juntos indivíduos com interesses diferentes, freqüentemente conflitantes. Nesse sentido, as empresas não se comportariam de forma ética ou antiética, mas, sim, os indivíduos.

Some-se a isso a complexidade da atuação de empresas em ambientes distintos, quando padrões culturais difundidos e aceitos tacitamente em determinados ambientes são execrados em outros. Por exemplo, a preocupação com o meio ambiente em determinados países pode ser um fator muito mais restritivo do que em outros, que seriam mais permissivos a esse respeito. A conduta das empresas, nas suas práticas comerciais, na relação com o governo, nas instituições financeiras, com os fornecedores e consumidores ou com os clientes pode variar significativamente em função do ambiente institucional no qual ela opera.

O Enfoque Legalista e a Ética

As leis são parte do ambiente institucional e afetam o comportamento das atividades de negócios de várias formas. Muitas relações contratuais são baseadas na prática institucional da *promessa*. As leis contratuais são necessárias sob dois aspectos:

1) Proporcionam um contexto que faz que as "promessas complexas sejam possíveis".

2) Propiciam incentivo aos indivíduos para cumprirem seus contratos, mesmo quando não o queiram fazer.

A responsabilidade social *legal* implica uma conduta da empresa consoante com as normas legais vigentes. Em uma visão simplificada, para atender a esse requisito os gestores das empresas socialmente responsáveis devem simplesmente seguir os preceitos legais, sem necessidade de exercer nenhuma ação discricionária (*managerial discretion*).

Essa definição da responsabilidade legal é bastante simplificadora da realidade. A lei é moldada pelo ambiente institucional, é parte das regras do jogo. As empresas são os *jogadores* que atuam condicionados pelo ambiente institucional, mas também tentando influenciar o modelo vigente a seu favor, assim como os demais grupos de interesse na sociedade (consumidores, ambientalistas, sindicatos, entre outros).

Para Milton Friedman, o objetivo social apropriado para os executivos das corporações é obter tanto lucro quanto possível, *desde que de acordo com as regras básicas da sociedade, tanto em termos legais como éticos*. Mas essa visão pode ser contraposta, pois a concepção de lei é algo *socialmente construído*, servindo de forma *limitada* de guia para as ações dos executivos. Estes devem primeiro construir a sua própria visão legal antes de agir de uma maneira que possa ser considerada *socialmente responsável*.

A abordagem de Friedman pode ser criticada pela sua perspectiva formalista, assumindo implicitamente que a *lei* incorpora um conjunto singular e bem definido de comandos, no qual as conseqüências legais das ações dos executivos são claras. Nesse contexto, o executivo não teria poder discricionário real, e deveria apenas *seguir a lei* para estar agindo de forma socialmente responsável. O problema é que a lei é muito mais do que um conjunto de regras e exceções, já que um enorme conjunto de variáveis interfere nas decisões legais.[3]

Em conseqüência, a visão legal positivo-formalista não pode ser considerada como um guia suficiente para balizar as ações de responsabilidade social na sua dimensão legal. Em última análise, o poder discricionário dos gestores se torna necessário e, desse modo, muitas decisões acabam ficando em uma interface entre os aspectos éticos e os legais. Portanto, os administradores estariam enganados se considerassem apenas os aspectos legais como um meio adequado de direcionar o amplo escopo de questões éticas que emergem no dia-a-dia de suas atividades. *Se for legal, é ético*, é um *slogan* freqüentemente ouvido. Mas condutas que são adequadas do ponto de vista legal podem ser altamente problemáticas do ponto de vista ético.

Por exemplo, uma empresa pode estar diante do dilema ético de vender, em países emergentes, produtos já banidos em seu país de origem, sem incorrer em nenhum problema legal previsto pelas diferentes legislações sobre essas restrições. Esse é um "problema ético" comum enfrentado por empresas do setor de agroquímicos ou farmacêutico, e ilustra a dificuldade em simplificar e separar as dimensões éticas e legais da responsabilidade social.

O economista Eduardo Gianetti da Fonseca reafirma a intrínseca relação entre as dimensões ética e legal:

---

[3] O administrador é informado de que o resultado de uma pendência legal depende, entre outras coisas, de como a corte interpreta a evolução das tendências legais, como resolve tensões e conflitos de regras legais e/ou interpreta a linguagem legislativa ambígua. Em tal contexto, a ação judicial discricionária se manifesta, e o julgamento do administrador também se torna inevitável. (Ostas, 2001, p. 265)

O ponto central é que a qualidade dos jogadores afeta a natureza e a robustez das regras do jogo. Jogadores motivados pelo auto-interesse crasso não se contentam em perseguir seus objetivos dentro da ordem do mercado e jogar limpo todo o tempo: eles irão persistentemente tentar – e muitas vezes conseguirão – driblar as restrições que o mínimo legal do mercado define. E pior: quando a própria autoridade política – o juiz da partida – fraqueja ou adota o auto-interesse crasso como princípio de ação, o resultado é a total deturpação não só do andamento do jogo, mas do placar final medido em termos da eficiência produtiva e da criação da riqueza. A lei sem suporte moral é letra morta. A falta de compromisso com a ética torna precária e incerta a vigência do mínimo legal do mercado. Muitas vezes ela acarreta o seu completo desvirtuamento, com sérias conseqüências para o desempenho da economia. Mais do que isso, a tese do egoísmo ético revela-se um ponto de vista inadequado e deficiente mesmo na hipótese (generosa) de que as regras do jogo do sistema de mercado estejam dadas de antemão e não sejam violadas de forma sistemática pelos jogadores ou pelo juiz da partida. (Gianetti da Fonseca, 1994, p. 148)

A relação da questão da ética com o aspecto institucional e a conduta das empresas é exemplificada pelo comentário do economista Decio Zylbersztajn:

... Mesmo se a solução da questão do relativismo ético pudesse ser alcançada partindo de um padrão cultural comum, cabe perguntar como se podem induzir as organizações a adotarem determinados padrões éticos. Esta é a pergunta de central importância para os administradores e cientistas das organizações em geral. Se comportamento não ético adiciona custos às transações, uma vez que a cooperação voluntária nem sempre é alcançada, quais são as prescrições que se pode fazer para mitigar o problema, seja na esfera privada ou pública? Como as sociedades, e dentro delas as organizações, podem incorporar princípios éticos, em última análise redutores de custos? (Zylbersztajn, 2000a, p. 3)

O dilema legal/ético pode ser exemplificado por externalidades geradas pelas organizações em suas atividades de negócios, que requerem um marco regulatório por parte do Estado. Essa ação regulatória é necessária em muitos casos, pois a ação voluntária *altruística* das empresas, em tais condições, inviabiliza-se na prática. É o caso, por exemplo, de restrições e requisitos impostos às empresas relativos a aspectos ambientais. Uma situação desse tipo pode ser analisada a partir do tradicional modelo da teoria dos jogos, conhecido como *dilema do prisioneiro*.

Esse modelo é utilizado em situações nas quais o comportamento cooperativo resulta em minimizar as perdas para os *agentes*, mesmo que a redução das perdas seja menor do que cada *agente* poderia obter dependendo da ação do outro *agente*. A questão interessante é que todos agem de forma subótima, para evitar uma perda maior ainda.

Para a aplicação desse modelo em uma situação de regulação de atividade de negócios, tem-se o seguinte exemplo: três empresas químicas em uma determinada região (empresas A, B e C), cada uma poluindo igualmente o ambiente, têm custos, receitas, margens e participação de mercado basicamente similar. Cada empresa sabe que, se todas atuarem em conjunto e reduzirem a poluição em grupo, evitarão regulamentações mais restritivas por parte do Estado. Nesse caso, todas terão de elevar seus custos e reduzir suas receitas, mas nenhuma perderá fatia de mercado para as demais. Adicionalmente, nenhuma empresa tem como monitorar se as demais de fato cooperaram. Dado que cada empresa possui o incentivo de internalizar benefícios e externalizar custos, cada uma se sentirá incentivada a simular que reduz a poluição sem fazê-lo.

Suponha-se que a empresa A resolva quebrar o acordo e não instalar os redutores, enquanto as empresas B e C os instalam. A empresa A terá menores custos. As empresas B e C terão maiores custos e precisarão aumentar preços para obter uma certa compensação. Nesse exemplo, como a empresa A não precisou aumentar os preços de seus produtos, terá conquistado maior fatia de mercado, receita e lucros.

Dado que as empresas podem prever esse tipo de comportamento das demais, não terão incentivos para a ação cooperativa, mesmo que fiquem expostas a ações regulatórias mais fortes do Estado.

Por outro lado, supondo-se que a empresa A resolva, por altruísmo, voluntária e unilateralmente reduzir a sua emissão de poluentes (mesmo que não requisitado por lei), dois aspectos são restritivos: o primeiro é que, mesmo que ela reduza essa emissão, isso poderá ter um efeito pequeno na redução geral da poluição ambiental, dado o aspecto inerentemente abrangente e sistêmico da poluição, considerando que as outras não a reduzam. O segundo aspecto traz um dilema ético: ao tomarem essa decisão, os gestores da empresa A poderiam reduzir os ganhos de seus acionistas, aumentar preços para seus clientes, reduzir as margens para seus fornecedores ou os salários de seus funcionários, reduzindo valor para parte de seus próprios *stakeholders*. A empresa A estaria em um típico dilema ético, pois a comunidade ou outros de seus *stakeholders* seriam penalizados.

Como conclusão, a lei propicia, nesse caso, um ambiente de negócios mais previsível, reforçando valores econômicos e éticos em um determinado arcabouço institucional. Esse é um exemplo de como a dimensão legal do ambiente institucional pode contribuir para melhores ou piores desempenho econômico e conduta ética dos *agentes* na sociedade.

Caso 2.1 – Grupo Orsa

A Orsa iniciou suas atividades em setembro de 1981, formada por quatro sócios com experiências anteriores no ramo de papelão ondulado, que montaram uma cartonagem no bairro de Vila Zelina, em São Paulo. A empresa teve um expressivo crescimento nas duas últimas décadas, e atualmente está entre os três maiores produtores de caixas e chapas de papelão ondulado no Brasil.

Em 2004 a Orsa contava com quatro unidades produtivas de papel e papelão ondulado, sendo duas no estado de São Paulo (Suzano e Paulínia), uma no estado de Goiás (Rio Verde) e uma no estado do Amazonas (Manaus). Possui duas unidades de produção de papel (uma em Itapeva e uma em Paulínia).

A empresa possui cerca de 1.750 colaboradores diretos e mil indiretos em sua área florestal e nas unidades industriais. No setor de papelão ondulado, a Orsa é a terceira maior empresa no Brasil, com cerca de 10% de fatia do mercado, atrás da Klabin (capital nacional), que detém cerca de 31% do mercado, e da Rigesa (capital americano), com cerca de 18% do mercado.

O mercado de papelão ondulado é formado por diversos setores produtivos que usam as caixas e chapas de papelão como embalagem. Os principais setores são as indústrias de alimentos (32%), de produtos químicos (9%), a fruticultura (4%), a indústria metalúrgica (4%), de eletroeletrônicos (3%), de bebidas (3%) e têxteis (3%). Entre os principais clientes estão empresas como: Nestlé, Multibrás, Gessy Lever, Ambev, Bombril, Arisco, Perdigão, VCP, Parmalat, LG, Procter & Gamble, Cia. Suzano e Ripasa.

No ano 2000, o Grupo Orsa assumiu o controle da empresa Jari Celulose, localizada na região Norte do país, entre os estados do Pará e do Amapá. A Jari é uma empresa conhecida no Brasil por sua história peculiar.[4] Essa história recente tem um marco em 1967, quando o

(cont.)

---

[4] O Projeto Jari tem uma trajetória singular no ambiente empresarial do Brasil. Além da polêmica em torno da sua viabilidade econômica e dos aspectos políticos, o Projeto tem peculiaridades históricas, como a saga, em 1978, do transporte da planta industrial e da usina termoelétrica, pesando 30 mil toneladas cada, do Japão, onde foram construídas, até a margem do Rio Jari, onde foram assentadas. A viagem durou três meses pelos oceanos Pacífico, Índico e Atlântico.

empresário americano Daniel Ludwig lançou a idéia de um ambicioso projeto de reflorestamento no meio da Amazônia, com o propósito central de produção de celulose. A empresa possui uma área de 1.734.606 hectares, na maior parte coberta pela floresta amazônica.

Ao longo dos anos, o projeto enfrentou diversos problemas, chegando próximo de situação falimentar, até a empresa ser incorporada, em 2000, ao Grupo Orsa, que assumiu o seu controle renegociando uma dívida de cerca de 400 milhões de dólares com os principais bancos credores, liderados pelo BNDES. O Grupo Orsa assumiu o controle com o desafio de equilibrar a dívida e implementar um novo plano estratégico para reerguer a empresa.

A Jari possui 700 colaboradores diretos e 2.200 indiretos (prestadores de serviços). A empresa produz cerca de 330.000 ton/ano de celulose de fibra curta branqueada. A maior parte da produção (cerca de 85% do volume) é direcionada para fábricas de papel no mercado externo (Europa, Estados Unidos e Ásia). Os restantes 15% são vendidos para fábricas de papel no Brasil.

Em 2002 foi criada uma nova empresa para desenvolver atividades na região do Jari, a Orsa Florestal. A proposta da empresa é o uso múltiplo da floresta nativa para a promoção do desenvolvimento sustentável, por meio do manejo florestal certificado.

O Grupo Orsa e a Fundação Orsa

A Fundação Orsa foi criada em 1994, com dotação inicial do Grupo Orsa. À época da sua criação, a Fundação contava apenas com recurso orçamentário proveniente da Orsa Celulose, mas a partir do ano 2000, com a incorporação da Jari Celulose, esta passou também a contribuir financeiramente.

Ambas as empresas (Orsa e Jari) possuem ações próprias de responsabilidade social, internalizadas nas suas estruturas organizacionais, especialmente ligadas a questões do meio ambiente, infra-estrutura e recursos humanos, como políticas que estimulam a contratação de portadores de deficiências e o voluntariado corporativo, entre outras ações. Entretanto, é por meio da Fundação Orsa que o Grupo se destaca em suas ações sociais. A Fundação Orsa é o braço social do Grupo Orsa, operacionalizando projetos próprios.

(cont.)

No exercício da Fundação, as ações sempre estiveram voltadas para a comunidade externa, evitando-se que ocorressem em benefício dos próprios funcionários. As ações de responsabilidade social da Orsa, desde sua origem, estiveram dissociadas da estratégia de negócios da empresa. A Fundação não segue a orientação estratégica da empresa, no sentido da escolha de sua missão, objetivos, público-alvo e atuação geográfica. Os projetos implementados pela Fundação são definidos por sua própria estrutura organizacional e apresentados para aprovação aos instituidores e ao conselho. Outra característica é que a Fundação Orsa tem condições de desenvolver projetos de longo prazo com maior previsibilidade, uma vez que seu orçamento é baseado no faturamento das empresas mantenedoras, não no lucro. Assim, mesmo que em determinado ano as empresas venham a ter prejuízo, o valor alocado para a Fundação está garantido, com base no faturamento.

A Fundação Orsa recebe anualmente 1% do faturamento bruto das duas principais empresas do Grupo Orsa (Orsa Celulose, Papel e Embalagens e Jari Celulose). O recurso oriundo da empresa Orsa tem a sua destinação independente de regiões geográficas específicas. No caso dos recursos oriundos da Jari Celulose, são integralmente aplicados pela Fundação na região do Jari.

A missão da Fundação Orsa, desde o seu início, esteve ligada às gerações futuras, no sentido de proteger crianças e adolescentes em situações de risco pessoal e social, resgatar a sua cidadania e promover a sua inclusão na sociedade civil. A Fundação é organizada em áreas específicas (Saúde, Educação e Promoção Social).

O crescimento da dotação orçamentária da Fundação desde 1994 foi expressivo, acompanhando o crescimento exponencial do Grupo Orsa. Em 1994, o montante de recursos da Fundação foi de aproximadamente 362 mil reais. Já em 2000, o montante chegou a quase 10 milhões de reais, e o orçamento previsto para 2004 ultrapassou 16 milhões de reais.

(cont.)

Tabela 2.1 – Investimento social e número de atendimentos – Fundação Orsa – 1994-2004

Ano	Investimento social (R$)	Número de atendimentos
1994	355.557,00	3.073
1995	2.320.296,00	64.530
1996	5.058.119,00	55.773
1997	8.705.027,00	181.263
1998	4.743.646,00	210.265
1999	7.090.743,00	290.165
2000	11.534.727,00	377.215
2001	12.014.370,00	730.881
2002	11.307.950,00	1.020.040
2003	14.440.798,00	1.210.096
2004	16.316.746,00	1.430.247

Fonte: Fundação Orsa (www.fundacaoorsa.org.br).

A Fundação Orsa não tem relação intrínseca com as atividades de negócios do Grupo. Ela desenvolve ações entre o seu público-alvo, sem vínculo direto com as comunidades onde a empresa possui plantas industriais.

Como já dito, as ações da Fundação não têm por objetivo central atingir os funcionários ligados às empresas do grupo, mas visam atender a população externa, constituída pelas crianças e pelos adolescentes em situação de risco social e pessoal. No caso da Jari Celulose, dada a atuação centralizada da Fundação na comunidade onde a empresa opera, inevitavelmente a relação fundação-empresa passa a ser mais estreita, levando à necessidade de maior integração do planejamento estratégico de ambas. A Figura 2.1 apresenta esquematicamente a relação entre o Grupo Orsa, a Jari e a Fundação.

(cont.)

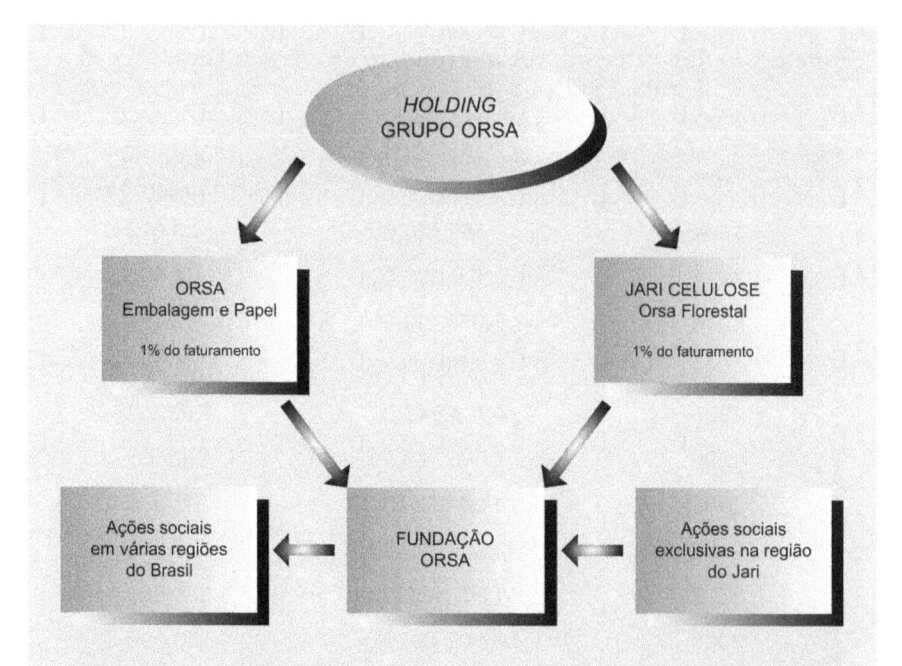

```
        HOLDING
       GRUPO ORSA

   ORSA                    JARI CELULOSE
Embalagem e Papel           Orsa Florestal

 1% do faturamento         1% do faturamento

Ações sociais      FUNDAÇÃO      Ações sociais
em várias regiões    ORSA      exclusivas na região
   do Brasil                        do Jari
```

Figura 2.3 – Relação entre o Grupo Orsa, a Jari e a Fundação Orsa.

No passado, a Jari, como empresa pioneira a se estabelecer na região, foi responsável pelo suprimento de toda a infra-estrutura básica nas principais cidades que constituem o chamado Projeto Jari (Laranjal do Jari, Vitória do Jari e Almeirim (distrito de Monte Dourado), onde se situam a planta industrial e a vila residencial dos funcionários da empresa). Como empresa praticamente hegemônica na região, toda a população em torno do projeto Jari (cerca de 50 mil pessoas) dependia e ainda depende direta ou indiretamente do seu desempenho para sobreviver. Mas a Jari enfrentou enormes problemas financeiros na década de 1990, e quase encerrou suas atividades. A incorporação da empresa pelo Grupo Orsa representa a oportunidade de reconstrução e retomada da atividade de negócios, com novos investimentos e novas perspectivas sociais e econômicas para toda a região. Conseqüentemente, as expectativas criadas no local em relação ao desempenho, tanto da Jari como da Fundação Orsa, são muito grandes.

(cont.)

Para a Jari, o impacto positivo das ações da Fundação na imagem e reputação da empresa já é perceptível. A Jari é um *global player* no mercado mundial de celulose, e busca resgatar sua imagem, desgastada pelas últimas administrações, por meio de uma reputação de empresa socialmente responsável, alinhando suas práticas comerciais com as novas práticas sociais e ambientais na região do Jari.

O principal foco da responsabilidade social do Grupo Orsa são as ações da Fundação Orsa, que, embora dependente financeiramente do Grupo, tem suas atividades definidas e implementadas com elevada autonomia em relação à estratégia empresarial do Grupo. Na definição de Quazi (1997), a empresa poderia estar classificada no eixo de responsabilidade ampliada (nos quadrantes da visão filantrópica ou moderna). Ou seja, o fator motivacional indutor das ações sociais não foi condicionado aos fatores de racionalidade econômica, embora nenhuma evidência exista de que a empresa não esteja agregando valor por meio das ações de responsabilidade social.

Mesmo que inexista a criação de valor para os acionistas, o caso do Grupo Orsa não configura um potencial problema de agência, já que a decisão do investimento em ações sociais parte dos próprios acionistas. A função-objetivo do Grupo vai além do retorno econômico, pois os acionistas também vêem derivar utilidade das ações sociais (em consonância com a visão de Sen, 1999).

Resumo do Capítulo

O conceito de responsabilidade social abrange quatro dimensões: econômica, legal, ética e discricionária. A dimensão econômica contempla a responsabilidade da empresa relacionada com a sua sobrevivência e seu crescimento no mercado, e as conseqüentes externalidades positivas: geração de produtos e serviços, emprego, renda e tributos.

Não há, em princípio, contradição entre responsabilidade social e lucro, desde que este seja perseguido dentro das regras legais e éticas vigentes na sociedade. A dimensão legal contempla exatamente o enquadramento da conduta da empresa em regras formais estabelecidas. A dimensão ética amplia o enfoque, pois a conduta ética pressupõe comportamento além do formalismo legal, de acordo com os códigos informais estabelecidos. A dimensão filantrópica ou discricionária é, em grande parte, confundida com o próprio conceito de responsabilidade social. Ela trata das ações de caráter social que vão além da atividade de negócios. É com relação a essa dimensão que existem pontos de divergência entre os argumentos favoráveis e contrários a ações de responsabilidade social.

Os argumentos contrários às ações sociais são baseados na função institucional das organizações ou na perspectiva de direitos de propriedade. Os argumentos que suportam as ações sociais são baseados em aspectos éticos ou em instrumentos racionais. A convergência dos argumentos se dá quando as ações sociais da organização fazem parte da lógica de criação de valor para a empresa.

CAPÍTULO 3

REPUTAÇÃO CORPORATIVA

"Usualmente produto de anos de demonstração de competência superior, a reputação é um recurso frágil; leva tempo para ser construída, não pode ser comprada e pode ser facilmente destruída."

Petrick et al., 1999, p. 58

Objetivos do Capítulo

- Entender os conceitos de reputação corporativa e capital reputacional.
- Relacionar os fatores que condicionam a construção do capital reputacional.
- Relacionar ações de responsabilidade social, reputação e criação de valor para as empresas.
- Analisar o impacto dos ganhos ou perdas reputacionais conforme o *stakeholder* envolvido.

O Conceito de Reputação

Pode-se definir a *reputação corporativa* como a reação afetiva ou emocional líquida (boa ou má, fraca ou forte) de clientes, investidores, fornecedores, empregados e do público em geral diante do nome da empresa. Em síntese, a reputação é o produto de um processo competitivo no qual a firma sinaliza suas características distintas para o público (interno e externo à empresa), tendo como resultante o seu *status* moral e socioeconômico. Derivado do conceito de reputação corporativa, o *capital reputacional* é aquela porção do valor de mercado da empresa que pode ser atribuída à percepção da firma como uma corporação de boa conduta no mercado.

Com a intensificação do processo de integração dos mercados, em muitas situações o fator determinante para a sobrevivência das empresas pode depender do desenvolvimento e da sustentação de uma reputação favorável. Tal percepção começa a se manifestar tanto na comunidade empresarial como no meio acadêmico. As competências do conhecimento e de outros recursos intangíveis emergem como fatores-chave da competitividade nas nações desenvolvidas.

Os ativos intangíveis tornam-se, crescentemente, a base de diferenciação entre muitos setores. Conseqüentemente, tem sido dada maior ênfase aos aspectos ligados a reputação, lealdade do consumidor e conhecimento tecnológico, entre outros. Ou seja, atualmente, dada a maior facilidade tecnológica e mercadológica de replicação de práticas e condutas, o fator de diferenciação para obtenção de vantagens competitivas passa a ser, em grande medida, a percepção do público sobre a reputação da empresa.

Em pesquisa realizada pela revista *Chief Executive*, no final da década de 1990, foi feita uma pergunta a um grupo de executivos (*CEOs*) de grandes empresas americanas: *Quão importante é a reputação de uma empresa para que ela atinja seus objetivos empresariais estratégicos?*

"Muito importante" foi a resposta compartilhada por 96% dos presidentes de empresas que responderam à pesquisa. Mais sintomática ainda é a questão de quão importante é, na atividade de um presidente de empresa, lidar com a reputação da sua organização. Dos respondentes, 62% afirmaram ser mais importante do que há cinco anos, e 36% lhe deram ao menos a mesma importância.

O que chama a atenção não é tanto a importância dada à reputação das empresas em si, o que é evidente, mas o fato de que, cada vez mais, uma maior parcela do esforço estratégico despendido pelos principais executivos está sendo direcionada para o gerenciamento da identidade corporativa e o monitoramento da reputação de suas empresas, visando *manter, conquistar ou reconquistar essa reputação.*

A preocupação dos empresários decorre da crescente exposição das empresas à opinião pública, pelos veículos de comunicação, que transmitem informações aos locais mais remotos em tempo real, ajudando a disseminar uma boa reputação ou a destruí-la em um curtíssimo período de tempo. O empresário que desconsiderar o papel da reputação em um mercado exigente poderá cometer erros irreparáveis. Em conseqüência, um dos mecanismos mais importantes de controle do oportunismo é o desenvolvimento da reputação, medida como o valor presente de um fluxo futuro de recursos advindos do valor da marca e da imagem pública.

Em essência, o capital reputacional de uma determinada empresa é formado por várias dimensões que moldam a sua imagem. Algumas mais evidentes: a própria qualidade dos produtos que a empresa oferece, os seus serviços agregados, as práticas comerciais com clientes, fornecedores, instituições de crédito, práticas internas de recursos humanos, capacidade de inovação tecnológica, entre outras. Esses são os fatores que tradicionalmente conferem boa reputação e trazem vantagens competitivas sustentáveis às empresas no longo prazo.

Diversos autores têm sugerido que o "capital *social* reputacional" da firma pode ter efeito nas vendas, disseminando a premissa de que este capital afeta o seu valor de mercado, em razão da publicidade. Os consumidores, funcionários e fornecedores tendem a punir firmas engajadas em práticas socialmente irresponsáveis. Por outro lado, o efeito positivo da boa reputação social também pode ser obtido se os investidores acreditarem que consumidores irão preferir comprar bens e serviços de bons empregadores, o que pode refletir a estimativa do efeito que a reputação da empresa no mercado de trabalho é capaz de ter nas vendas. Ou seja, é possível que as ações que aprimoram a imagem pública de uma corporação mudem, de forma vantajosa, a curva de demanda para os produtos dessa corporação.

Um exemplo clássico é o da empresa Johnson & Johnson, que em 1982 retirou 31 milhões de embalagens com cápsulas do remédio Tylenol do mercado, quando se descobriu que alguém havia sabotado a empresa injetando veneno (cianida) em algumas poucas caixas. A reação da empresa foi aberta, pública, e custou mais de 50 milhões de dólares. Mas ela manteve o nome de seu produto, e reconquistou seu *market share* em um curto período de tempo. Em 2002, a empresa figurava na sexta posição no *ranking* das empresas mais admiradas do mundo ("World's Most Admired Companies") da revista *Fortune* (2002).

Uma reputação favorável pode comunicar aos consumidores/clientes a qualidade do *mix* de produtos da empresa, permitindo-lhe exercer preços *premium* por seus produtos e serviços. Nesse mesmo sentido, a boa reputação pode fazer com que os funcionários da empresa tenham sua auto-estima elevada, o que se traduz em maior produtividade, e, ainda, facilitar o acesso da firma a condições melhores de crédito.

A *identidade corporativa* pode ser definida como o conjunto de princípios e valores dos gestores e funcionários da empresa. No dia-a-dia da organização, a identidade corporativa aparece na forma das práticas administrativas empregadas nas suas relações internas e externas. Na nossa sociedade, baseada na linguagem, atribuem-se nomes a tudo o que pode ser percebido ou reconhecido para se distinguir algo de outras coisas no mundo. O mesmo ocorre com as empresas. A partir do momento em que ela se estabelece, passa a ser reconhecida pelo seu nome, que é unicamente associado a suas características e a seu desempenho passado. O nome, ou, de fato, a reputação conferida por esse nome é um bem intangível dessa empresa.[1]

---

[1] Os ativos intangíveis das empresas não estão, em geral, visíveis no seu balanço, e seu valor é calculado somente por ocasião da venda da empresa, subtraindo-se o valor tangível líquido do preço de venda. Esse *goodwill* captura o valor dos ativos intangíveis, no qual se inclui o valor da reputação da firma.

A organização é reconhecida pelo seu nome e pelas suas apresentações, criando-se imagens mentais que levam à formação da reputação corporativa na percepção das pessoas, conforme ilustrado na Figura 3.1.

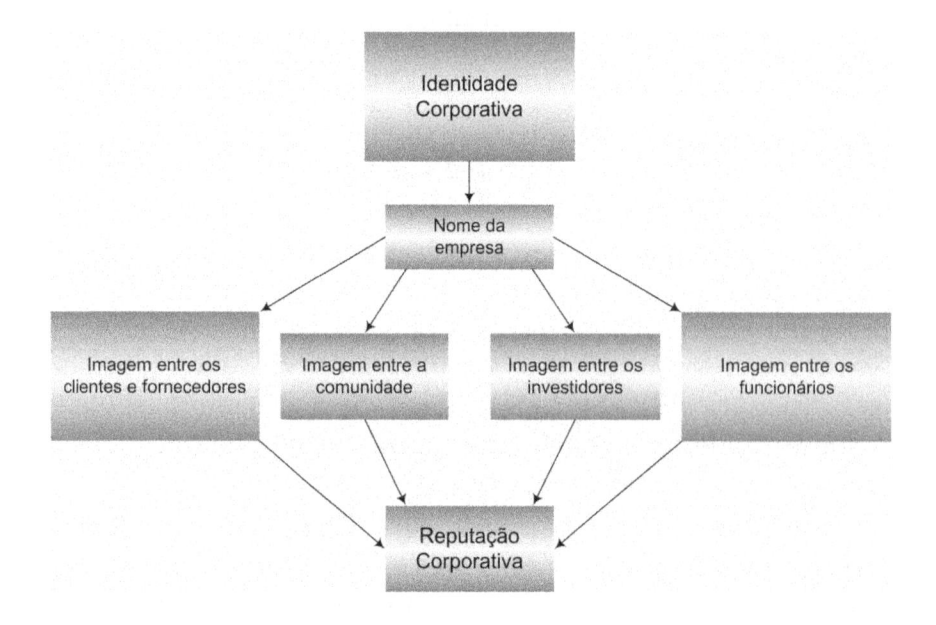

Fonte: Adaptado de Fombrun, 1996.

Figura 3.1 – Inter-relação entre identidade e reputação corporativa.

Os fatores que levam à construção da reputação podem ser agrupados em quatro constituintes: credibilidade, qualidade, responsabilidade e confiança. O autor associa *qualidade/confiabilidade* aos consumidores/clientes, isto é, à percepção sobre os produtos e serviços oferecidos pela empresa.

A *credibilidade* está associada aos investidores e fornecedores no cumprimento de contratos. A *confiança* está relacionada com o público interno constituinte da empresa, ou seja, com a sua percepção da solidez e integridade da empresa. A *responsabilidade*, finalmente, associa-se ao papel da empresa na comunidade em sentido mais amplo. A Figura 3.2 ilustra as inter-relações entre os constituintes-chave.

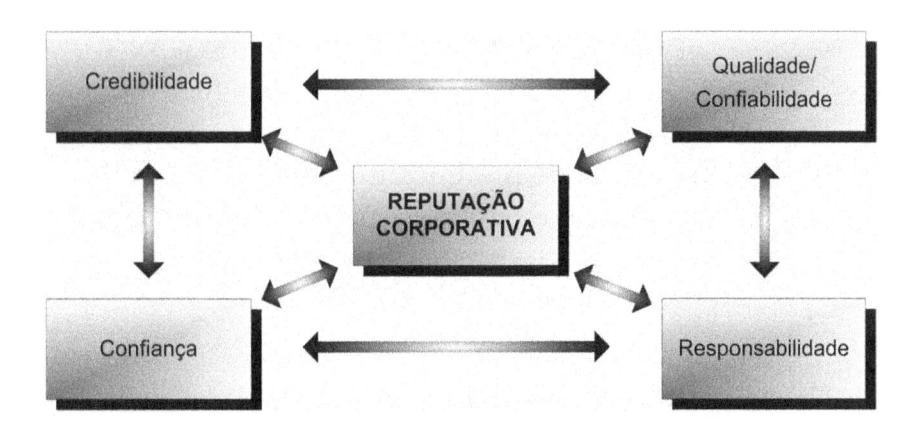

Fonte: Adaptado de Fombrun, 1996.

Figura 3.2 – Inter-relações entre os constituintes da reputação.

Os modelos apresentados oferecem uma descrição operacional para analisar as inter-relações entre os diversos fatores constituintes da reputação, e é necessária uma análise mais aprofundada que explique o comportamento dos *agentes* nas suas práticas comerciais. Esse referencial dá um suporte para explicar em que situações a reputação é mais ou menos importante do ponto de vista estritamente econômico, análise da qual derivam possíveis comportamentos não-éticos dos *agentes*. Assim, aspectos ligados a credibilidade, qualidade, confiança e responsabilidade serão analisados com base em modelos da *teoria dos jogos, economia dos custos de transação* (ECT) e *teoria da agência*.

A Visão Econômica sobre a Reputação

Para o presente trabalho é relevante o enfoque dado pela economia dos custos de transação (inserida na vertente teórica da Nova Economia Institucional), pelo fato de ela relacionar as premissas do comportamento dos *agentes* (especialmente o oportunismo) com a eficiência das estruturas de governança que emergem, dado o sistema institucional vigente.

O *oportunismo* assume características importantes para este trabalho. Instituições que minimizam comportamentos oportunistas agem, em muitas situações, no sentido de minimizar comportamentos antiéticos e reduzir custos de transação entre os *agentes* econômicos.

Os Pressupostos Comportamentais da Economia dos Custos de Transação (ECT)

O primeiro cientista econômico a estabelecer as conexões entre instituições, custos de transação e teoria neoclássica foi o prêmio Nobel em economia Ronald Coase. Os resultados preconizados pela teoria neoclássica só são obtidos, na verdade, quando não existem custos para se transacionar. Entretanto, como é custoso transacionar, instituições importam.

O pressuposto básico da economia dos custos de transação é o de que o funcionamento dos mercados tem custos, não considerados pela economia neoclássica, que ocorre em um ambiente sem custos associados ao funcionamento da economia. Os custos de transação, em um sentido amplo, são *os custos do funcionamento do sistema econômico*. Mais especificamente, os custos de transação podem ser definidos como aqueles relativos à especificação do que está sendo comercializado e à garantia de que os conseqüentes acordos sejam cumpridos. Nos mercados econômicos, o que se especifica (mede) são os atributos valoráveis dos bens e serviços transacionados ou a *performance* dos *agentes*. Os mercados econômicos são tipicamente imperfeitos e caracterizados por altos custos de transação.

Oliver Williamson (1993, p. 108) aponta para a ficção do custo de transação igual a zero. Na sua definição, os custos de transação são:

> Os custos *ex-ante* de preparar, negociar e salvaguardar um acordo bem como os custos *ex-post* dos ajustamentos e adaptações que resultam, quando a execução de um contrato é afetada por falhas, erros, omissões e alterações inesperadas. Em suma, são os custos de conduzir o sistema econômico.

Assim, em um contexto em que o comportamento dos indivíduos é caracterizado pela busca de maximização de riqueza (auto-interesse) e por informações assimétricas, as instituições devem ter o papel de reduzir os custos de transação. Como conseqüência, as instituições, para serem efetivas, devem atuar especialmente no sentido de *ressaltar as soluções cooperativas* para que os ganhos potenciais envolvidos nas transações se realizem.

A economia dos custos de transação se baseia em dois pressupostos comportamentais básicos: *racionalidade limitada* e *oportunismo*. O pressuposto da racionalidade limitada fundamenta-se no fato de que, mesmo que o *agente* econômico busque um comportamento otimizador, só o consegue de maneira parcial, em razão das limitações cognitivas existentes. Na definição de Simon (1961), a racionalidade limitada *resulta da condição de competência cognitiva limitada de receber, estocar, recuperar e processar a informação*. Todos os contratos complexos são inevitavelmente incompletos devido à racionalidade limitada.

Dessa forma, conforme destaca Zylbersztajn (1995), a racionalidade limitada traz conseqüências para os aspectos *ex-post* dos contratos, pois como nestes não são factíveis de serem previstas todas as possibilidades, podem ocorrer dificuldades, e com isto os custos de transação são afetados. Um contrato perfeito especificaria precisamente o que cada parte faria em toda possível circunstância, bem como a distribuição dos custos e benefícios observados em cada contingência (incluindo aquelas em que os termos do contrato tenham sido violados), de forma que cada parte individualmente consideraria como solução ótima ater-se aos termos do contrato. Dada a racionalidade limitada, no entanto, esse contrato perfeito não se verifica no mundo real.

E mesmo que uma contingência possa, em tese, ser prevista e planejada, e que seja possível implementar um arranjo contratual, um dos lados pode ter informação privada antes de o contrato ser assinado, o que interfere na possibilidade de se alcançar um acordo maximizador de ganhos para as partes envolvidas.

Dado que a informação não é simetricamente distribuída aos *agentes* econômicos, que a busca de informações pressupõe custos e, além disso, que os *agentes* têm também maiores ou menores oportunidades de acessar essas informações, surgem as possibilidades de *ações oportunísticas* decorrentes da *assimetria informacional* que ocorre nas transações.

Oliver Williamson define oportunismo como a busca do *auto-interesse com avidez*. O oportunismo é uma possibilidade presente nas interações humanas, isto é, mesmo que parte dos indivíduos, ou até a maioria deles, não tenha comportamento oportunista, a possibilidade de alguns poucos agirem oportunisticamente uma vez ou outra já é condição suficiente para que as transações fiquem expostas a essas ações, e passem a necessitar, portanto, de salvaguardas e monitoramento, gerando, assim, *custos de transação*.

Quadro 3.1 – O modelo do efeito reputacional de Kreps

O modelo de Kreps (In: Williamson, 1996, p. 157) baseia-se na teoria dos jogos para modelar o comportamento dos *agentes* envolvidos em uma negociação, tendo em vista uma potencial perda de ganhos futuros de uma má conduta *versus* os potenciais ganhos presentes dessa mesma conduta, em três situações distintas:

1) Contratos recorrentes entre um comprador e um vendedor (não-cambiáveis).
2) Contratos recorrentes entre uma série de compradores e um só vendedor.
3) Contratos recorrentes entre uma série de compradores e uma sucessão de vendedores.

O efeito reputacional, nesse modelo, atenua o incentivo para o comportamento oportunista no comércio interfirmas, uma vez que os ganhos imediatos são suplantados pela perda de ganhos futuros, restringindo as chances das empresas de se comportarem irresponsavelmente. No modelo existe uma seqüência de duas movimentações em cada jogo.

Supondo-se dois tipos de *agentes*, A e B:

Em uma primeira situação, A deve decidir arriscar-se a confiar em B ou não. Se a parte A aceita confiar, então a parte B decidirá se abusará ou não da confiança de A. Caso os ganhos imediatos de B forem maximizados se B abusar da confiança de A, e o jogo for apenas uma jogada, então B poderá abusar de A.

Entretanto, no modelo de jogadas repetitivas existe elevada probabilidade de cada ação ser seguida por outra, mudando a análise, fazendo que o *payoff* seja tal que o ganho conjunto é maximizado pela solução confiar/honrar. Por exemplo, A diz para B que continuará confiando em B, na esperança de ter essa confiança honrada, mas que, se em algum momento B desonrar essa confiança, A nunca mais confiará em B. Se B acreditar na afirmação, e o jogo for repetitivo, haverá um reforço na solução honrar/confiar, pois a perda de ganhos futuros de B suplantará os eventuais ganhos imediatos com o abuso de confiança da sua parte.

(cont.)

Quadro 3.1 – O modelo do efeito reputacional de Kreps (continuação)

O argumento pode ser estendido para o caso de uma seqüência de As decidirem confiar ou não em um único B. Supondo-se que todos os As conheçam os acontecimentos das jogadas passadas, e que todos os As agirão de acordo com a regra de nunca mais confiarem em B se B quebrar a confiança, então também a situação honrar/confiar prevalecerá.

No caso de uma sucessão de Bs, cada sucessor "compra" a reputação do antecessor. Se todos os Bs tiverem honrado a confiança, então cada sucessor terá o incentivo de honrar a confiança, dado o capital reputacional que foi construído. Agir de outra forma destruiria o capital reputacional.

O modelo de Kreps, entretanto, contém uma série de premissas que o afastam do mundo real. A mais importante é a premissa da inexistência de assimetrias informacionais (A sabe qual ação B tomou). Outro aspecto é quanto à capacidade cognitiva dos *agentes*, pois a) as pessoas podem ser imperfeitamente informadas; b) as informações podem ser imperfeitamente entendidas; c) a aquisição da informação pode ser impossível ou cara.

Williamson (1996, p. 153-55) amplia a visão crítica do modelo do efeito reputacional, assinalando que, mesmo em situações simples de jogadas repetitivas, diversas circunstâncias devem ser ampliadas:

- a) Comunicação: A pode saber que foi enganado por B, mas, em certas situações, A não tem condições acuradas e sem custos de transmitir essa informação. São os limites da linguagem.
- b) "Esperteza": se A(n) se imaginar mais esperto que A(n – 1), A(n) pode tomar a experiência como uma negligência de A(n – 1) e impor mecanismos contratuais para B onde possam existir salvaguardas.
- c) Perdão: os sucessores de B podem pedir perdão pela ação de seu antecessor. O mecanismo do efeito reputacional perde força com o perdão.
- d) Complexidade: como a reputação pode ser encarada quando muitos indivíduos tomam decisões em cada uma das empresas em questão, e quando bens e serviços mudam a cada período?

(cont.)

Quadro 3.1 – O modelo do efeito reputacional de Kreps (continuação)

---

e) "Empresas familiares e profissionais": muitas firmas não são dirigidas pelo próprio proprietário, como no modelo de Kreps (*owner operator*). Qual a base para transferir o mecanismo reputacional do contexto de *owner operator* para grandes empresas de controle difuso?

f) Preocupações estratégicas: se os As são rivais, A(n) pode revelar sua experiência com B de maneira incompleta ou distorcida, para colocar os rivais em desvantagem.

O modelo de Kreps é limitado pela existência de múltiplos equilíbrios. Existem muitas situações de equilíbrio em que a empresa não é comprada, seu nome não tem valor, e assim nenhum ativo intangível deve ser preservado. Pode ocorrer também que as forças que levariam ao equilíbrio no qual os nomes são valorados sejam indeterminadas. Além disso, o horizonte deve ser infinito no modelo de Kreps (jogo com grande número de interações).

A despeito de o modelo de Kreps possuir limitações que o afastam do mundo real – com todas as premissas em que se baseia e a excessiva simplificação da realidade –, o mecanismo do efeito reputacional age no sentido proposto pelo autor em muitas situações, como ponderam seus próprios críticos. Outro aspecto que pode ser introduzido na discussão é a possível diminuição das assimetrias informacionais, pelo fato de as empresas estarem atualmente expostas ao escrutínio público em razão da ação abrangente dos meios de comunicação e de todos os seus recursos informacionais. Dada a abrangência das conseqüências de uma prática de quebra de confiança, pode-se observar que, atualmente, o mecanismo do efeito reputacional se aproxima mais do modelo de Kreps.

Comportamento Oportunista e Reputação

Alguns fatores podem minimizar a possibilidade de ações oportunísticas dos *agentes*. Por exemplo, em mercados que possuam um círculo restrito de *agentes*, o *ambiente institucional* em que se insere a transação pode atuar no sentido de inibir atitudes oportunísticas, sob pena de *perda de reputação*, dado o caráter recursivo das transações.

Tanto as instituições formais (leis e regras formais de conduta, formas de punição jurídica) como as instituições informais (regras informais de conduta, cultura, coerção dos grupos sociais às ações dos indivíduos) determinam a maior ou menor possibilidade de os *agentes* atuarem oportunisticamente e, nesse sentido, ao minimizarem essa forma de atuação, minimizam os custos de transação.

Ou seja, as instituições eficazes são aquelas que, de alguma forma, minimizam a possibilidade de ações oportunísticas entre *agentes*, minimizando custos de transação. Uma das facetas da reputação está ligada ao comportamento dos *agentes* nas suas transações comerciais, por exemplo, as negociações entre uma determinada empresa e seus fornecedores ou clientes, ou entre outros *stakeholders* ligados diretamente à atividade de negócios.

Se uma empresa se desvia de um comprometimento com a qualidade, os consumidores a punem com uma menor disposição de pagar pelo produto. O valor presente líquido dos lucros futuros declina e, conseqüentemente, o valor de mercado da empresa.

Em outro contexto, se a empresa engana de alguma forma o seu fornecedor, por exemplo, terá provavelmente de incorrer em maiores custos para a obtenção de suprimento no futuro. Empresas que enganam seus funcionários podem ter de oferecer maiores salários ou prêmios para atrair futuros empregados em um mercado de trabalho competitivo. Assim, a reputação pode ser considerada um custo de entrada de uma firma no mercado, em que subseqüentes lucros representam o valor presente do retorno do investimento em reputação e conduta ética.

Também com relação aos investidores, o envolvimento de uma empresa em um incidente negativo (por exemplo, em aspectos ambientais) pode levá-los a reavaliar as suas crenças na capacidade da empresa em lidar com as perdas decorrentes. Além disso, os investidores podem avaliar a possibilidade de implementação de ações regulatórias mais fortes que poderiam afetar os lucros da firma no futuro.

Em um ambiente com um conjunto de leis eficientes regendo a interação entre os *agentes*, as firmas que tentam trapacear, não cumprindo com os regulamentos, são freqüentemente desmascaradas, pelos reguladores ou pela opinião pública, e são geralmente forçadas a pagar multas e/ou sofrerem erosão de suas posições competitivas devido ao dano reputacional.

Um incidente negativo pode resultar em uma queda da reputação da firma para seus clientes, empregados ou fornecedores. Dependendo da natureza do acordo implícito, a perda da reputação pode ser resultante de:

- um desvio do comportamento esperado;
- a revisão, por parte dos consumidores, empregados ou fornecedores, das estimativas de probabilidade de a firma ter trapaceado.

A empresa também pode sofrer perda de valor de mercado se os eventos levam a um decréscimo da crença na capacidade de seus administradores por parte dos investidores. Esse fato pode ser resultante de:

- um aumento do risco percebido de futuros incidentes; e/ou
- um aumento do risco percebido de crescentes regulações restritivas.

Efeito Reputacional e Confiança (*Trust*)[2]

A habilidade da firma em sinalizar sua reputação para um comportamento não-oportunista (por meio de ações junto aos *stakeholders*) pode levar a uma melhoria de desempenho na atividade de negócios. A explicação é que, se o comportamento socialmente responsável da empresa é um sinal *do que* é importante para ela, então é razoável concluir que esse sinal pode ser usado por vários *agentes* (funcionários, clientes, fornecedores, investidores e credores) para formar as impressões sobre os valores, crenças, direcionamento e conduta geral da empresa.

As empresas que conduzem negócios com os seus diversos *stakeholders* na base de "confiança" (*trust*) têm incentivos para demonstrar comprometimento com o comportamento ético. O comportamento ético propiciará à firma uma vantagem competitiva, desde que ela desenvolva relações duradouras e produtivas com esses *stakeholders*.

Entretanto, o uso do conceito *confiança* não é determinado simplesmente por uma questão semântica, mas por sua relevância, pois pode evitar decisões estratégicas incorretas por parte das organizações. Oliver Williamson (1996) destaca como premissas a existência de racionalidade limitada (impossibilidade dos *agentes* de prever todas as possíveis ocorrências em uma relação qualquer ao longo do tempo) e a possibilidade de existência de oportunismo, as quais levam a dificuldades contratuais no mundo real, demandando salvaguardas para permitir um longo termo na relação. O autor define três tipos de "confiança":

---

[2] A palavra "confiança" está sendo empregada, nesse contexto, como tradução do termo *trust*.

A *confiança calculativa*, relacionada a contratos, que é baseada em salvaguardas de diferentes formas, e facilmente confundida com a "confiança pura". Como exemplos de contratos dessa natureza citam-se aqueles baseados na reputação, que podem impor perdas aos *agentes* no caso de ações oportunistas, em razão de a redução de ganhos futuros superar os eventuais ganhos presentes da ação oportunista. Nesse sentido, os *agentes* tenderiam a agir de maneira não-oportunista não por razões benevolentes (cooperação benigna), mas em virtude de uma avaliação calculada das perdas e dos ganhos decorrentes do tipo de ação a ser empreendida. É basicamente respaldada pelo modelo de Kreps ("efeito reputacional").

A *confiança institucional* é outra categoria proposta, de acordo com a qual o *agente* terá confiança no cumprimento do contrato mesmo na presença de oportunismo e racionalidade limitada. Os *agentes* não incorrerão em comportamento oportunista, pois considerarão os custos das punições impostas pelo ambiente institucional tanto formal (aspectos legais) como informal (coerção social[3]).

O terceiro tipo é o da *confiança pessoal* ou *confiança pura*. É aquela condição na qual o *agente* expressará a confiança no cumprimento contratual mesmo na presença de racionalidade limitada e oportunismo, o que é uma situação utópica nas relações de negócio.[4]

---

[3] Ocorre especialmente em *close knit groups*, comunidades com fortes características culturais que condicionam o tipo de comportamento dos indivíduos, e com fortes sanções no caso de ações consideradas inadequadas pelas regras do grupo.

[4] "O mundo do comércio é reorganizado a favor dos cínicos, contra os inocentes, quando cientistas sociais aplicam linguagem amigável que é descritivamente acurada, quando só os inocentes a seguem" (Williamson apud Zylbersztajn e Zuurbier, 1999, p. 2).

Em síntese, especialmente no caso da "confiança calculativa", o efeito reputacional é um dos condicionantes básicos da relação entre os *agentes*. Os efeitos reputacionais serão magnificados pela disseminação da informação entre diferentes *agentes*, mesmo entre aqueles não-participantes da transação em questão.

A Conduta Socialmente Responsável e os Ganhos de Reputação

A atividade socialmente responsável pode ajudar a empresa a reforçar sua ligação com a comunidade local e com os empregados. Por outro lado, a construção do capital reputacional também tende a melhorar a habilidade de negociar contratos mais atrativos para a empresa com fornecedores e governo, além de, em certas circunstâncias, propiciar preços *premium* para os produtos da empresa e menores custos de capital. As atividades de responsabilidade social podem ajudar a criar ou manter o capital reputacional sob dois aspectos:

a) Criando vantagens competitivas, aprimorando a capacidade da empresa em atrair e manter recursos.

b) Minimizando riscos de perdas reputacionais.

O modelo expresso na Figura 3.3 sintetiza a lógica do aumento de valor da empresa a partir de ações socialmente responsáveis.

A lógica apresentada no modelo é a de que as empresas com uma conduta socialmente responsável na sua atividade do dia-a-dia podem obter ganhos de capital reputacional, alavancando oportunidades de negócios, reduzindo riscos potenciais de sua conduta no mercado, preservando ou gerando aumento do valor da organização. As atividades que geram o desempenho social corporativo podem não afetar diretamente o desempenho financeiro, mas afetam o estoque de capital reputacional e, conseqüentemente, o valor financeiro dos ativos intangíveis da firma.

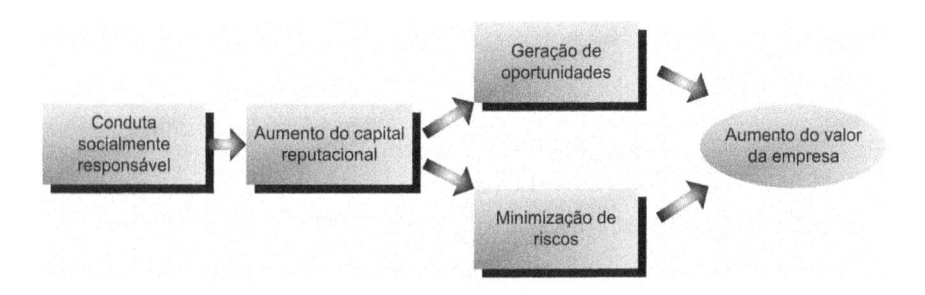

Fonte: Adaptado de Fombrun, 2000.

Figura 3.3 – O modelo de criação de valor
a partir da conduta socialmente responsável.

As ações de responsabilidade social também podem ter um efeito positivo no valor de mercado das organizações. Os investidores são mais propensos a confiar seus recursos a empresas que desfrutam de uma reputação superior, em função dos menores riscos percebidos e das maiores oportunidades potenciais de negócios. As empresas estão respondendo à insistência dos consumidores em lidar somente com outras empresas que ostentam uma boa imagem, e a conduta socialmente responsável consistente é um dos meios de criar tal imagem.

A ação da mídia e os riscos de ações judiciais têm levado as organizações a adotarem códigos de conduta, a fim de evitar eventuais perdas de valor reputacional, causadas por escândalos ou ações judiciais. A responsabilidade social, nesse contexto, serviria para restaurar parcialmente a abalada imagem das empresas que praticaram atos ilegais.

As ações sociais estão inseridas na visão da teoria dos *stakeholders*, de que as empresas possuem responsabilidades sociais para com um amplo conjunto de *agentes*, entre os quais as comunidades que podem se beneficiar de ações sociais por parte das organizações. A Tabela 3.1 apresenta um quadro-resumo das oportunidades de ganhos ou minimização de riscos de acordo com o *stakeholder* envolvido, a partir de ações de responsabilidade social.

Tabela 3.1 – Efeitos das ações de responsabilidade social de acordo com o *stakeholder* envolvido

Stakeholder envolvido	Oportunidades (ganhos de reputação)	Minimização de riscos
Comunidade	Criação de legitimidade	Minimizar risco de má-aceitação/conflitos
Mídia	Cobertura favorável	Minimizar risco de cobertura desfavorável
Ativistas	Colaboração/imagem favorável	Minimizar risco de boicote
Investidores	Geração de valor	Minimizar risco de fuga de investidores
Funcionários	Aumento do comprometimento	Minimizar risco de mau comportamento
Consumidores	Fidelização	Minimizar risco de má aceitação/desentendimentos/boicotes
Agentes reguladores	Ação legal favorável	Minimizar risco de ação legal desfavorável
Parceiros comerciais	Colaboração	Minimizar risco de defecção

Fonte: Adaptado de Fombrun (2000).

Caso 3.1 – Perdigão

Duas famílias de imigrantes italianos (Ponzoni e Brandalise) iniciaram as atividades da Perdigão em 1934, com um pequeno negócio de secos e molhados em Vila das Perdizes (Santa Catarina), atual município de Videira. Em 1939 as famílias iniciaram-se nas atividades agroindustriais,

(cont.)

com um pequeno abatedouro de suínos. A partir de então, a empresa seguiu uma expressiva trajetória de crescimento e, atualmente, emprega cerca de 20 mil funcionários, em 13 unidades industriais de carne, duas unidades de soja, sete fábricas de ração, 14 incubatórios e 21 centros de distribuição (*Relatório anual*, Perdigão, 2004).

A base da linha de produtos Perdigão tem como matéria-prima as carnes de aves e suínos. A empresa tem seguido uma tendência acentuada de diversificação nos últimos anos, comercializando, além dos produtos *in natura*, uma linha com cerca de 400 itens de produtos de maior valor adicionado, resfriados e congelados. Além disso, o seu foco crescente é a busca de incremento no mercado internacional.

No ano 2000, a Perdigão lançou os *American Depositary Receipts* (*ADRs*), na Bolsa de Nova York. Foi a primeira empresa do setor de alimentos no Brasil a negociar ADRs na Bolsa de Nova York. Para se adequar ao novo mercado acionário, a empresa consolidou mudanças no aspecto de governança corporativa, aumentando a transparência das informações. O conselho de administração é composto de sete membros e seu presidente não faz parte do atual acordo de acionistas controladores. Todos os membros têm atividades externas, reunindo-se mensalmente. As assembléias dos acionistas são realizadas com presença média acima de 90% dos representantes do capital votante e de 70% dos representantes do capital total. O conselho fiscal é composto de três membros entre os acionistas controladores e um entre minoritários. Além do relatório anual, os acionistas e o mercado recebem informações trimestrais com dados do desempenho da empresa.

A Perdigão optou, nos anos recentes, pela modernização do seu modelo de gestão, a partir da reorganização societária em 1994, buscando, com a profissionalização da gestão, aproximar-se dos princípios de governança corporativa. A partir de 1994, o controle acionário da empresa foi adquirido por um *pool* de fundos de pensão, desencadeando a implantação de uma gestão profissionalizada, com profunda reestruturação organizacional e reposicionamento estratégico.

Com base na nova orientação estratégica, a responsabilidade social passou a ser uma das suas diretrizes corporativas, de acordo com a visão do conselho de administração e da alta gestão de que o conceito de empresa socialmente responsável deveria ser perseguido pela Perdigão, como forma de sustentar a sua imagem corporativa.

(cont.)

A empresa atua em um ramo de atividade altamente susceptível a riscos e tensões ambientais e sociais. A produção de aves e suínos é bastante poluidora, com seus dejetos, e as relações da empresa com seus fornecedores de aves e suínos para abates (produtores integrados) são extremamente críticas para os seus negócios.

A Perdigão tem perseguido a estratégia da internacionalização e, conseqüentemente, sofre a pressão dos mercados externos para que se considerem os aspectos intrínsecos da qualidade dos produtos, a rastreabilidade de todo o processo produtivo, as relações sociais com fornecedores, os processos de abate e as práticas ambientais.

Conforme destacado em relatório da empresa (*Perdigão hoje*, 2000/2001, p. 6):

> De outro lado, a nova postura da empresa também passou a ser ditada, em grande parte pelo mercado. Fatores como qualidade, preço competitivo e bom atendimento continuam fundamentais, mas estão deixando de ser diferenciais ou, pelo menos, de fazer toda a diferença na escolha do produto. É preciso criar uma ponte entre a marca e o consumidor, através de uma afinidade de valores. E essa ponte é a responsabilidade social, uma ferramenta de marketing que está se tornando indispensável para toda empresa.

O foco das ações de responsabilidade social da empresa é o seu público interno e as comunidades em torno de suas fábricas.

Caso 3.2 – Sadia

A Sadia foi fundada em 1944, na cidade de Concórdia, em Santa Catarina. Iniciou suas atividades com um pequeno moinho de trigo, um abatedouro e poucos funcionários, e hoje é uma das principais empresas nacionais. Possui aproximadamente 29 mil funcionários, 12 unidades industriais, 19 filiais comerciais no Brasil e representações em vários países. No mercado interno, a produção chega a cerca de 90 mil pontos-de-venda, com exportações para 60 países.

(cont.)

É a empresa líder em alimentos congelados e resfriados no Brasil, de acordo com a AC Nielsen (Sadia – *Relatório anual, 2002/2003*). A linha de produtos da empresa vem se diversificando ao longo dos últimos anos em produtos industrializados/processados, aves e suínos. No ano 2000, as vendas totais da Sadia atingiram 1,16 milhão de toneladas (3,25 bilhões de reais), total em que as exportações representaram cerca de 27%.

A empresa se destaca pela produção de alimentos derivados de carnes suína, bovina, de frango e de peru, e tem incrementado cada vez mais a fabricação e distribuição de alimentos industrializados prontos e semiprontos, especialmente congelados e resfriados, também de outras matérias-primas. A Sadia é a primeira empresa do mercado brasileiro em volume de vendas no *ranking* dos segmentos de alimentos congelados, resfriados, carnes de frango, peru e suínos, e a terceira no mercado de margarinas, e tem procurado aumentar expressivamente sua presença no mercado internacional. No ano 2000, as exportações representaram 26,8% da sua receita bruta, 4% a mais do que no ano de 1999.

Basicamente, a Sadia implementa ações de redução de impactos ambientais nas regiões onde opera, inerentes ao próprio sistema de produção de aves e suínos, que são altamente susceptíveis a riscos ambientais. Outro fator é a crescente estratégia de internacionalização da empresa, especialmente nos mercados da Ásia, do Oriente Médio e da Europa. A pressão dos mercados externos tem-se tornado cada vez maior, tanto no que se refere aos aspectos intrínsecos da qualidade dos produtos como no que diz respeito à preocupação com a rastreabilidade de todo o processo produtivo, incluindo as relações sociais com fornecedores, processos de abate e práticas ambientais.

A outra linha de ação social que a Sadia segue como opção é a educação/cultura do público interno (funcionários e familiares) e de membros das comunidades ligadas à empresa. Em maio de 2005, ela lançou o Instituto Sadia de Sustentabilidade para gerenciar estrategicamente seus programas de cunho social e ambiental. E também lançou o programa 3S, "Suinocultura Sustentável Sadia", com o objetivo de reduzir o impacto ambiental em propriedades de suinocultores integrados. A adesão dos produtores ao programa é voluntária. A empresa deverá construir biodigestores e estruturar projetos para a venda de créditos de carbono, para viabilizar financeiramente o produtor, que, como contrapartida, terá de investir recursos na sustentabilidade das granjas.

(cont.)

A convergência das ações de responsabilidade social da Sadia e da Perdigão

Um aspecto de destaque é a similaridade entre a Sadia e a Perdigão. Ambas são do mesmo ramo de atividade, concorrentes diretas e com tamanho similar. A sua estratégia de negócio também apresenta muita semelhança, no *mix* de produtos, no aumento de produtos processados resfriados e congelados e na crescente presença no mercado externo. Da mesma forma, as duas desenvolvem um sistema contratual com produtores de suínos e aves, visando ao suprimento das matérias-primas básicas (aves e suínos em ponto de abate).

Não é de estranhar, portanto, a similaridade das suas ações de responsabilidade social. As pressões contra o impacto ambiental gerado pela atividade dessas empresas são crescentes, tanto do mercado consumidor (especialmente compradores do mercado externo), e das instituições financeiras (Banco Mundial, Banco Nacional de Desenvolvimento Econômico e Social-BNDES), como das normas regulatórias crescentemente restritivas impostas pelo Estado.

Uma das linhas de atuação social das duas organizações é a educacional, que tem como motivador central demandas internas das próprias empresas, e pode ser considerada uma extensão das suas políticas de recursos humanos, embora gerando também externalidades positivas às comunidades.

Ambas desenvolvem ações de redução de impacto ambiental, seguindo os marcos regulatórios que atendem às mudanças impostas pelo ambiente institucional. A preocupação em desenvolver ações de responsabilidade social é decorrente dos potenciais danos ambientais e sociais – inerentes à própria atividade produtiva – que as empresas possam causar às comunidades circunvizinhas das fábricas. Tal preocupação se estende aos fornecedores de aves e suínos integrados.

Parece claro que a motivação central – com base no modelo de Fombrun (2000) – para as ações de responsabilidade social das duas empresas, especialmente no aspecto ambiental, é a minimização de riscos, para evitar perdas de reputação por eventuais acidentes causados. A tendência acentua-se à medida que as empresas ampliam o seu posicionamento nos mercados internacionais.

Resumo do Capítulo

A gestão do capital reputacional é vital em uma época em que a mídia detém tanta influência sobre consumidores, investidores e outros grupos de interesse, e que uma má campanha de mídia pode ter o poder de destruir o capital reputacional de uma organização – especialmente no contexto de integração dos mercados e disseminação das informações em tempo real. Tal percepção começa a se manifestar tanto na comunidade empresarial como no meio acadêmico.

A reputação é um ativo intangível essencial como parte da estratégia competitiva das empresas, em um ambiente de mudanças globais. Na medida em que a velocidade das aquisições de ativos tangíveis se acelera e o processo de produção se "padroniza" globalmente, as empresas que desejam sustentar uma vantagem competitiva distinta (diferenciação) devem proteger, explorar e aprimorar seus ativos intangíveis. Enquanto os recursos tangíveis são mais facilmente "imitáveis" pelos competidores, o recurso intangível do ativo reputacional é mais difícil de ser substituído ou imitado. Nesse sentido, a gestão da identidade corporativa passa pelo gerenciamento corporativo de fatores tangíveis e intangíveis, visando criar uma rede interligada de percepções sobre a imagem e a reputação da empresa na mente do público, incluindo clientes, fornecedores, funcionários e a sociedade no seu sentido mais amplo.

CAPÍTULO 4

GOVERNANÇA CORPORATIVA E RESPONSABILIDADE SOCIAL

"Governança corporativa diz respeito ao controle dos recursos das empresas. Governança diz respeito às instituições que influenciam como as corporações alocam recursos e retornos."

Groenewegen, 2004, p. 353

Objetivos do Capítulo

- Apresentar o conceito de governança e entender a sua relação com a conduta ética e responsável das empresas.
- Entender o processo de separação entre propriedade e controle como conseqüência do crescimento das empresas.
- Apresentar o papel dos conselhos e sistemas de remuneração para o alinhamento de interesses na conduta empresarial.
- Apresentar o papel do mercado de capitais e o sistema legal e regulatório para o alinhamento de interesses na conduta empresarial.

O Conceito de Governança

Em qualquer situação em que o poder de decisão é transferido ou compartilhado, surge, em maior ou menor grau, uma *assimetria informacional*. Em uma empresa privada ou pública, clube, associações, cooperativas, universidades, sempre existirão conflitos de interesse, derivados da delegação de algum tipo de poder. Isto é, "alguém" governa em nome de "alguém", que delegou direitos para o exercício de poder. Na sua essência, a governança trata da minimização de assimetrias e conflitos de interesses inerentes à delegação de poder.

Nas sociedades democráticas, as instituições de governança do Estado são implementadas à medida que o exercício da cidadania se aprofunda. As sociedades implementam os mecanismos pelos quais seus governantes são monitorados, por meio de um conjunto de regras resultantes da interação dos diferentes atores sociais. O exercício e o cumprimento da lei são uma função tanto do aparato legal existente como da própria pressão informal exercida pela sociedade no cumprimento e na melhoria dessas regras. Esse processo complexo é parte da evolução institucional da sociedade conforme o sistema democrático se consolida e amadurece.

Analogamente, as organizações privadas também criam mecanismos de governança para lidar com a delegação de poder. A gênese de uma organização que nasce e cresce no mercado, simplificadamente, passa por algumas etapas: O "dono" cria a empresa, a empresa cresce, o dono não mais executa sozinho, a empresa passa por sucessivos processos de delegação. O "dono" se vê obrigado a implementar mecanismos de incentivo e monitoramento, para que os agentes aos quais ele delegou poderes estejam alinhados com as suas expectativas.

Este é o processo genérico em uma organização com fins lucrativos. No limite, o reinvestimento dos lucros e a alavancagem via financiamento bancário não são mais suficientes para sustentar o crescimento. Em um grau mais intenso de crescimento, a empresa necessita rever a sua estrutura de capital. Abre-se o capital da organização, ocorrendo, em maior ou menor medida, a dispersão do controle acionário. Mesmo nas empresas que mantêm o crescimento sem abertura de capital, ao longo das gerações que se sucedem, a dispersão do capital é intrínseca, a menos que a organização pereça no meio do processo. O problema de governança torna-se mais complexo quando ocorre esta dispersão, tornando-se um típico problema de ação coletiva entre investidores para o equacionamento dos direitos de decisão e direitos sobre os resíduos (lucros) gerados pelo empreendimento.

A questão da separação entre propriedade e controle nas organizações modernas foi acentuada em um artigo clássico dos autores Berle e Means (1932), analisando o crescimento das empresas norte-americanas na década de 1920, com a pulverização do capital das organizações e o controle disperso. Esse artigo ocupa posição de destaque no desenvolvimento da teoria das organizações, que se aprofundou posteriormente com o desenvolvimento, por Jensen e Meckling (1976), da teoria da agência, que trata dos conflitos quando um determinado *agente* age em nome de outro, o chamado *principal*, e os objetivos de ambos não coincidem integralmente.

Discutiu-se em capítulos anteriores a visão dos *stakeholders versus stockholders*, que permeia grande parte do debate acadêmico e empresarial acerca da função das organizações na sociedade moderna. Boa parte desse debate pauta-se por preconceitos ideológicos arraigados. A polarização é conseqüência da retórica inflamada de grupos com visões distintas do papel da empresa na sociedade, e deve ser relativizada. Os críticos das ações de responsabilidade social das empresas se atêm ao engajamento em ações de cunho social (responsabilidade discricionária ou filantrópica), que não seria o papel das empresas.

> Existe uma e apenas uma responsabilidade social da atividade de negócios – utilizar seus recursos e engajar-se em atividades delineadas para incrementar lucro tanto quanto possível dentro das *regras do jogo*, qual seja, engajar-se em mercado livre e competitivo *sem fraudes*. (Friedman, 1970, p. 123)

Mas, mesmo para Friedman, o engajamento em ações sociais pode ser aceitável pragmaticamente, desde que se vislumbrem retornos para as empresas:

> No clima presente de opinião, com a disseminada aversão ao capitalismo, lucros e corporações sem alma, ações sociais são uma maneira para as corporações gerarem *goodwill*, por meio de gastos extraprodução inteiramente justificados sob a ótica do auto-interesse. (Friedman, 1970, p. 123)

Quadro 4.1 – Governança e responsabilidade social

> No ambiente empresarial, a percepção de que o exercício da responsabilidade social pode trazer retornos à empresa é crescente, embora com pouca comprovação empírica. O Banco Nacional de Desenvolvimento Econômico e Social divulgou um relatório relacionando empresas e responsabilidade social, assinalando a possível existência de ganhos de reputação positiva (BNDES, 2000, p. 6):
>
> Na visão de governança corporativa exclusivamente direcionada para a performance financeira, o exercício da responsabilidade social pode ser entendido, à primeira vista, como um custo adicional para as empresas, seus sócios e acionistas, pois são recursos que de outra maneira seriam reinvestidos ou distribuídos na forma de lucros e dividendos. Todavia, a adoção de uma postura pró-responsabilidade social parece indicar que há ganhos tangíveis para as empresas, sob a forma de fatores que agregam valor, reduzem custos e trazem aumento de competitividade, tais como a melhoria da imagem institucional, criação de um ambiente interno e externo favorável, estímulos adicionais para melhoria e inovações nos processos de produção, incremento na demanda por produtos, serviços e marcas, ganho de participação de mercados e diminuição de instabilidade institucional e política locais, entre outros.

Ou seja, a função clássica de uma organização *com fins lucrativos* é a mesma, desde sempre. Entretanto, para se atingir esses objetivos, é crescente a necessidade de aprofundar as relações e atender as demandas dos diferentes *stakeholders* da organização, de forma constante e negociada. Isso é parte da própria evolução institucional, formal e informal, da sociedade:

- Os consumidores mais atentos e informados querem mais transparência e responsabilidade da empresa na oferta de seus bens e serviços. Mecanismos regulatórios são implementados (Código de Defesa do

Consumidor, por exemplo), além de o ativismo de organizações da sociedade civil aumentar.

- Os funcionários buscam negociar com a organização a participação na riqueza gerada pelo empreendimento, o que se traduz em maior necessidade de transparência e criação de mecanismos de incentivo, na busca de maior lucro. Toda a moderna gestão estratégica de recursos humanos lida com essa questão, associando incentivos – pecuniários ou não – com a geração de riqueza do empreendimento.
- Os credores são mais seletivos e buscam não só maior transparência e prestação de contas, mas, em muitos casos, ter assento nos conselhos das organizações.
- As comunidades são mais ativas, menos tolerantes às externalidades negativas geradas pelo empreendimento no local (por exemplo, os danos causados ao meio ambiente), ao mesmo tempo em que não querem perder as externalidades positivas (emprego e geração de renda).
- O Estado amplia normas legais e implementa mecanismos de monitoramento, para o cumprimento das normas legais por parte das empresas.

O Alinhamento de Interesses entre Gestores e Acionistas

A aplicação do conceito de governança corporativa trata dos mecanismos externos e internos para alinhamento de interesses entre os gestores e os acionistas, que desejam maior transparência entre si e os gestores e eqüidade entre as partes acionárias minoritárias e majoritárias. O maior alinhamento nas relações de agência se dá quando algumas premissas são alcançadas:

- Os gestores não possuem informações ocultas (ausência de assimetria informacional). Os acionistas sabem o que constitui uma ação eficiente e qual o produto esperado.
- Os acionistas (*principais*) têm completa informação sobre as ações empreendidas pelos gestores e seus resultados.
- Os gestores atuam sob baixo risco – são conscientes do que receberão com a conduta alinhada ao interesse dos acionistas.

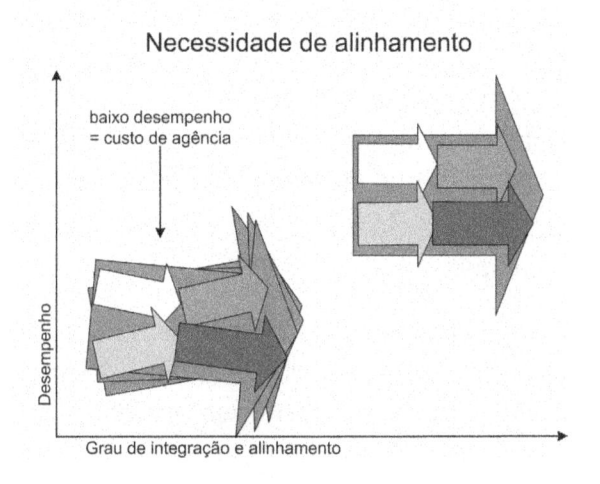

Fonte: Waack (2004).

Figura 4.1 – A relação entre alinhamento e desempenho organizacional.

Tais premissas são evidentemente inalcançáveis na sua plenitude, servem apenas como marcos de referência. O que se busca, na verdade, é *minimizar o desalinhamento,* ou *minimizar os custos de agência,* partindo-se do pressuposto de que um empreendimento mais bem alinhado possui mais chances de sucesso. A Figura 4.1 sugere que a organização é um feixe complexo de múltiplos constituintes, que interagem de acordo com uma lógica individual e coletiva. A elevação do desempenho da organização passa pela redução de atritos derivados dos conflitos de interesse.

Em síntese, os custos de agência compõem a somatória de alguns itens:

- As perdas residuais caracterizadas pela diminuição da riqueza dos acionistas como conseqüência de decisões tomadas pelos gestores.
- Os gastos com monitoramento das ações dos gestores (relatórios, balanços, auditorias, sistemas de informação gerenciais, divulgação).
- Os gastos para promover a transparência e a prestação de contas das atividades dos gestores.
- Os gastos de elaboração de contratos entre gestores e acionistas.

Governança e *alinhamento* são conceitos *intrinsecamente ligados*. Uma definição proposta por Shleifer e Vishny apud Okimura (2003, p. 16), traduz governança como:

> Um conjunto de restrições que os administradores aplicam sobre si próprios ou que os investidores aplicam sobre os administradores, de forma a reduzir a má alocação de recursos *ex post* e motivar os investidores a investirem mais recursos *ex ante*.

O Instituto Brasileiro de Governança Corporativa (IBGC)[1] traduz operacionalmente o conceito de governança corporativa,

---

[1] O IBGC exerce um importante papel na disseminação das práticas de boa governança no Brasil, oferecendo atividades jurídicas, treinamento, palestras, seminários e pesquisas visando a divulgação do tema. Em 2001, o IBGC lançou o seu *Código das melhores práticas*, com um *check-list* de procedimentos para operacionalização dos princípios de transparência, eqüidade, prestação de contas (*accountability*) e ética (www.ibgc.org.br).

baseando-se em princípios de transparência, eqüidade, prestação de contas (*accountability*) e ética:

> São as práticas e os relacionamentos entre os acionistas/cotistas, conselho de administração, diretoria, auditoria independente e conselho fiscal, com a finalidade de otimizar o desempenho da empresa e facilitar o acesso ao capital.

Duas formas básicas existem para a busca do alinhamento: mecanismos de *incentivo* e *monitoramento*. Em uma relação *principal/agente* (acionistas/gestores), o *principal* busca implementar uma estrutura de incentivos e monitoramento visando alinhar os interesses do *agente* aos seus interesses. O alinhamento de interesses pode ser resumido na arte de governar empresas preservando os interesses de longo prazo do empreendimento e de seus acionistas. Tendo em vista que não podem existir sem o suporte de seus *stakeholders*, as empresas bem governadas consistentemente atuam no sentido de alinhar interesses e expectativas de seus *stakeholders*, como os empregados, clientes, acionistas e comunidade em geral.

Essa definição sugere que a empresa é governada por um *nexo de contratos*, formais e informais, que rege a relação entre todas as partes interessadas. Os contratos, por mais elaborados que sejam, são sempre incompletos, pelo enorme conjunto de possibilidades e pela própria racionalidade limitada em se mensurar todos os desdobramentos possíveis.

As práticas de governança corporativa constituem uma forma de proteção aos acionistas, especialmente aos minoritários, ante os gestores que conduzem a organização. Nessa situação, alguns analistas alinhados com a visão clássica da empresa consideram que os acionistas, na prática, constituem a categoria mais vulnerável entre todos os *stakeholders*, em um mercado aberto e livre. Os clientes que se sentem atingidos pela empresa podem deixar de adquirir seus produtos ou serviços. Muitas das categorias de funcionários são protegidas por sindicatos. Mas o acionista que investe na empresa depende exclusivamente dos gestores para proteger e incrementar o valor de suas ações. Ao acionista caberão os direitos residuais do empreendimento, após o pagamento dos funcionários, dos credores, do governo (impostos) etc. Todos precedem os acionistas nos direitos sobre a geração de recursos do empreendimento.

Quadro 4.2 – A governança corporativa e as ações sociais

> Embora os conceitos que embasam a teoria dos *stakeholders* sejam convergentes para o conceito de governança corporativa, no sentido de ampliar a voz e a transparência da informação entre os diversos grupos de interesse nas atividades da organização, tal associação não é simples e, muitas vezes, podem ocorrer situações contraditórias.
>
> Nesse sentido, as ações de responsabilidade social das empresas, especialmente projetos sociais, que se enquadram na categoria de *responsabilidade discricionária* (ver A pirâmide de Carroll na Figura 2.1) devem ser analisadas considerando-se os princípios de governança.
>
> Como exemplo, pode-se supor a situação de uma grande corporação de capital disperso, com milhares de proprietários acionistas. Tais acionistas (*stockholders*) podem ter expectativas e interesses distintos conforme a sua porção (*stake*) na organização. Os gestores da empresa podem propor uma determinada ação na comunidade, ou uma política de alocação sistemática de recursos para causas sociais, que não teriam consenso entre os proprietários. Muitos poderiam ser contra, seja por não terem informação simétrica de possíveis retornos positivos dessas ações – alegando que prefeririam investir diretamente em ações sociais com o lucro recebido – seja por não compartilharem a mesma visão filosófica sobre a função social das organizações na sociedade. Em tais situações, muitos proprietários podem encarar essas atividades como desvio de recursos e potencial diminuição de seus retornos esperados, ou seja, os gestores estariam, na verdade, "fazendo o bem com recursos alheios".

(cont.)

Quadro 4.2 – A governança corporativa e as ações sociais (continuação)

> Já em uma empresa familiar, de capital concentrado na mão de um ou poucos acionistas, a convergência em torno de ideais comuns é mais simples de ser equacionada. Mesmo em situações em que as ações de responsabilidade social não estejam conectadas com a agregação de valor para a empresa, o consenso em torno das ações sociais da organização pode ocorrer de forma mais simples, sem se caracterizar o conflito de interesses.
>
> Esses exemplos reforçam a idéia de que, no caso de uma empresa com capital pulverizado, com mecanismos transparentes de governança, as ações sociais implementadas devem estar ligadas à lógica da agregação de valor à empresa.

Os Mecanismos de Governança

Existem forças de controle que podem minimizar problemas causados por divergências entre as decisões tomadas internamente e aquelas que seriam melhores do ponto de vista da sociedade. Esses mecanismos de controle podem ser classificados em externos (sistema político-legal e regulatório; mercados de capitais e do produto) e internos (sistema de controle exercido pelo conselho, sistemas de remuneração e outros incentivos).

Os mecanismos externos de alinhamento

a) O mercado de capitais

O mercado de capitais atua como um mecanismo essencial de governança para as empresas, pois reflete, direta ou indiretamente, o seu desempenho. Ainda que imperfeito, tem um papel disciplinador, ou seja, a ineficiência da gestão pode refletir-se nos preços das ações no mercado e, em função disso, os *principais* têm incentivos para monitorar as atividades do gestor e o destino de seus recursos.

Nos mercados mais desenvolvidos, em caso de ineficiência de gestão (valor potencial da empresa menor que o seu valor real), existe, em tese, maior incentivo para investidores externos assumirem o controle da empresa (*hostile takeovers*). Dessa forma, a ameaça de mudança de controle torna-se um incentivo para que os gestores busquem o aumento do valor da empresa, alinhando, assim, seus interesses com os dos acionistas.

O mercado de capitais é o grande marco de referência externo para o alinhamento de interesses entre gestores e acionistas. A interdependência entre os mercados de capitais na economia moderna é crescente, empresas passam a emitir ações em diferentes mercados, sujeitas, portanto, a diferentes legislações (mais ou menos restritivas). A fluidez com que o capital migra entre diferentes mercados é elevada, e a criação e a destruição da riqueza podem se dar quase em tempo real. Esse fenômeno acentua a necessidade de manutenção de fundamentos macroeconômicos sob controle, no âmbito da governança do Estado, ao mesmo tempo em que, no nível microeconômico, são necessários mecanismos de governança que propiciem confiança entre os investidores, por meio da transparência na prestação de contas das empresas para o mercado.

A pressão de investidores institucionais, ante a maior liberalização no fluxo de capitais, ampliou o foco de organizações multilaterais nas questões de governança corporativa, como a Organização para Cooperação e Desenvolvimento Econômico (OCDE),[2] International Finance Corporation (IFC), entre outras. Na agenda da OCDE constam diretrizes importantes para a modernização dos mercados de capitais nos países emergentes.

---

[2] Para consulta: *White paper on Corporate Governance in Latin America*. OCDE, 2003 (www.ocde.org).

Essa preocupação reflete a crença de que o fortalecimento do mercado de capitais e a conseqüente melhoria nos padrões de governança das empresas são fatores determinantes para o desenvolvimento econômico e social desses países, inseridos na nova lógica da integração dos mercados.

Como resposta à crescente demanda por transparência na gestão das empresas, a Bolsa de Valores de São Paulo (Bovespa) criou em 2001 os chamados "níveis diferenciados de governança corporativa". A Bovespa resumiu um conjunto de práticas de condutas a serem implementadas voluntariamente pelas empresas, para aceitação nos diferentes níveis de governança. Dependendo do grau de compromisso da empresa, ela se enquadra nos *níveis 1, 2* ou *novo mercado* (Quadro 4.3). A adesão das empresas aos diferentes níveis envolve um contrato de adesão com a Bovespa.[3]

Quadro 4.3 – Níveis diferenciados de governança (Bovespa)

Nível 1

Em essência, as exigências do nível 1 relacionam-se com melhorias na prestação de contas e com o aumento da dispersão acionária. As principais práticas são:

– Manutenção em circulação de uma parcela mínima de ações, representando 25% do capital.

– Realização de ofertas públicas de colocação de ações por meio de mecanismos que favoreçam a dispersão do capital.

– Melhorias das informações prestadas trimestralmente, entre as quais a exigência de consolidação e de revisão especial.

(cont.)

---

[3] Em dezembro de 2004, do total de 390 empresas listadas na Bovespa, havia um total de 33 empresas listadas no nível 1 (8,5%), sete empresas no nível 2 (1,8%) e sete empresas no novo mercado (1,8%) (www.bovespa.com.br).

Quadro 4.3 – Níveis diferenciados de governança (Bovespa) (continuação)

- Informar negociações de ativos e derivativos de emissão da companhia por parte de acionistas controladores ou administradores da empresa.
- Divulgação de acordos de acionistas e programas da *stock options*.
- Disponibilização de um calendário anual de eventos corporativos.
- Apresentação das demonstrações do fluxo de caixa.

Nível 2

Para o enquadramento no nível 2 de governança, a empresa deve, além das exigências do nível 1, cumprir com compromissos adicionais que visam o aumento de proteção aos acionistas minoritários:

- Conselho de administração com um mínimo de cinco membros e mandato unificado de um ano.
- Disponibilização de balanço anual seguindo normas padronizadas internacionalmente.
- Extensão para todos os acionistas (*tag along*) detentores de ações ordinárias das mesmas condições obtidas pelos controladores quando da venda do controle da companhia e de, no mínimo, 70% desse valor para os detentores de ações preferenciais.
- Direito de voto às ações preferenciais em algumas matérias, como transformação, incorporação, cisão e fusão da companhia e aprovação de contratos entre a companhia e a empresa do mesmo grupo.
- Obrigatoriedade de realização de uma oferta de compra de todas as ações em circulação, pelo valor econômico, nas hipóteses de fechamento do capital ou cancelamento do registro de negociação neste nível.
- Adesão à Câmara de Arbitragem para resolução de conflitos societários.

Novo Mercado

Além das obrigatoriedades dos níveis 1 e 2, a inovação do novo mercado é a exigência de que o capital social da empresa seja composto somente por *ações ordinárias*.

b) O sistema legal e regulatório

O ambiente legal é um mecanismo fundamental de governança, oferecendo maior proteção aos investidores e outros *stakeholders* ligados ao sistema. Não apenas o aparato legal, mas igualmente o *enforcement* (fazer valer) da lei é fundamental. O processo de globalização intensifica a necessidade de melhorias no sistema legal e regulatório, para que a fluidez do capital internacional ofereça menos riscos aos países e às empresas. Esse é um dos fortes direcionadores do relatório da OCDE. Os escândalos recentes nos Estados Unidos (Enron, Worldcom) e na Europa (Parmalat, por exemplo) aprofundaram a preocupação e a implementação de medidas mais restritivas para os gestores das empresas. Em especial a Lei Sarbanes Oxley, implementada nos Estados Unidos em 2002, foi uma resposta forte na tentativa de resgate da credibilidade dos investidores norte-americanos, após a seqüência de escândalos corporativos do início da década de 2000 (ver Caso 4.1).

No Brasil, mudanças legais foram introduzidas pela Nova Lei das Sociedades Anônimas, de 2001, em cuja essência estão um maior aparato de proteção aos acionistas minoritários e o aperfeiçoamento de padrões de divulgação de documentos, visando trazer credibilidade e atrair o interesse de investidores ao mercado de capitais. Em paralelo, foi revista a lei da Comissão de Valores Mobiliários (CVM), ampliando a sua independência funcional e financeira. O processo de privatização foi um impulso importante na ampliação dessas mudanças institucionais, pois boa parte das ações das empresas privatizadas na década de 1990 foi ofertada publicamente, seguindo uma tendência mundial observada em diversos países que passaram por processos similares na década de 1980, como Itália, França, Espanha, Japão e Austrália, entre outros.

Entretanto, a despeito do avanço recente no ambiente legal e regulatório brasileiro, ainda prevalecem valores culturais arraigados no empresariado nacional que inibem a modernização das normas corporativas. A visão patrimonialista e personalista, arraigada há séculos, permeia o inconsciente coletivo. Em boa medida, confundem-se os recursos e ativos das pessoas jurídica e física.

O empresário brasileiro médio é ainda reticente ao processo de abertura de capital e divisão de controle de sua empresa, mesmo que, em muitas situações, essa reticência limite ou até inviabilize o empreendimento. Some-se a isso a necessária adequação da empresa para adotar padrões mais elevados de transparência e prestação de contas, processos de auditorias, entre outras normas legais. Sintomaticamente, se por um lado os avanços institucionais legais propiciam uma maior segurança aos investidores, por outro forçam a empresa a desenvolver padrões gerais de governança mais elevados, o que pode explicar a redução de companhias abertas listadas na Bovespa nos últimos anos (Tabela 4.1).

Tabela 4.1 – Número de companhias abertas listadas na Bovespa

Ano	Número de empresas listadas – Bovespa
1994	544
1995	543
1996	550
1997	536
1998	527
1999	478
2000	459
2001	428
2002	399
2003	370
2004	390

Fonte: Bovespa (www.bovespa.com.br).

Os valores culturais, que são parte do ambiente institucional informal da sociedade, como sustenta o prêmio Nobel Douglass North, ainda necessitam de grande evolução para um efetivo avanço dos mecanismos de governança no Brasil.

Caso 4.1 – Escândalos corporativos que abalaram os mercados globais

Uma série de escândalos corporativos veio ao conhecimento público em 2001. Exemplos paradigmáticos são os casos da *Worldcom* e da *Enron*, nos Estados Unidos.

"Nos próximos anos, o escândalo da Enron, e não o 11 de setembro, será visto como o grande divisor de águas na história da sociedade dos Estados Unidos", escreveu o economista Paul Krugman no jornal *The New York Times*. Para entender a gravidade do ocorrido, é preciso associar o fato de que a crença do investidor norte-americano no mercado de capitais, pilar central de alavancagem do capitalismo naquele país, foi seriamente atingida. A crise de confiança derrubou os mercados no mundo todo.

Como resposta, visando resgatar a confiança abalada dos investidores, várias mudanças na legislação foram implementadas, como a rígida Lei Sarbanes Oxley, aprovada em 2002, que prevê sanções pesadas para o presidente e o diretor financeiro das empresas. Essa lei acentua as responsabilidades do diretor presidente e financeiro com relação à prestação de contas oficiais da organização. Esses executivos são diretamente responsáveis por estabelecer, monitorar e verificar a eficácia dos controles internos sobre relatórios financeiros e sua revelação. Precisam, pessoalmente, certificar-se a cada três meses de que eles avaliaram o desenho e a eficácia dos controles. Outro requerimento da Lei é monitorar quem está executando transações críticas ou conflitantes para assegurar que não há um uso indevido ou mesmo um abuso do sistema.

O impacto da Lei Sarbanes trouxe conseqüências para a conduta das empresas globalmente. As empresas brasileiras, por exemplo, que possuem *American Depositary Receipts* (*ADRs*) negociadas no mercado

(cont.)

norte-americano também estão sujeitas a cumprir os rigores dessa Lei. No Brasil, outras mudanças ocorrem também, como a obrigatoriedade de rodízio de empresas de auditoria a cada cinco anos, exigida pela Comissão de Valores Mobiliários (CVM).

A Enron e a Worldcom eram empresas profissionalizadas, de capital disperso. A gigante Enron chegou a ser a sétima empresa dos Estados Unidos, a primeira na área de energia em 2000. O faturamento anual atingiu 100 bilhões de dólares, com mais de 20 mil funcionários e 3.500 subsidiárias espalhadas no mundo. O endividamento chegou a 13 bilhões de dólares. Várias subsidiárias de propósito específico (não controladas diretamente pela *holding*) abrigavam passivos que não eram refletidos nas demonstrações financeiras da Enron. A empresa superestimou lucros em 600 milhões de dólares e mascarou dívidas de 650 milhões de dólares. A Artur Andersen, empresa que auditava as contas da corporação, estava em conluio com os gestores.

No caso da Worldcom, estima-se que os acionistas perderam aproximadamente 180 bilhões de dólares. Cerca de 20 mil funcionários perderam seus empregos. A empresa contabilizou como investimentos valores que, na realidade, eram despesas, transformando em lucros os prejuízos que tivera no período. Estima-se fraude de 11 bilhões de dólares. Em julho de 2005, o ex-presidente da Worldcom, Bernard Ebbers, foi considerado culpado pelas fraudes e condenado a 25 anos de prisão.

Esses casos paradigmáticos expuseram os nervos do mercado de capitais, deixando clara a necessidade de aprimoramento dos mecanismos de governança, para manutenção da confiança nos fundamentos do sistema capitalista. Nesse sentido, foram positivos por amplificarem a necessidade de conduta ética dos tomadores de decisão, aumentando a transparência e melhorando a prestação de contas e o efetivo monitoramento da gestão das organizações complexas.

Os mecanismos internos de alinhamento

a) O papel dos conselhos

Os acionistas procuram desenvolver formas de controle e monitoramento dos recursos a fim de evitar sua expropriação pelos gestores. E os conselhos de administração e fiscal das empresas têm um papel essencial no sentido de alinhar os interesses entre acionistas, gestores e outras partes interessadas. O conselho de administração é o mecanismo mais direto do efetivo controle que os acionistas exercem sobre a gestão da organização.

Em seu texto clássico que trata da separação entre propriedade e controle, Fama e Jensen (1983a) apresentam um modelo simplificado (Tabela 4.2) do processo de decisão nas empresas, com as atribuições do conselho e dos gestores.

Tabela 4.2 – Processo de tomada de decisão: modelo de atribuições do conselho de administração e dos gestores

Gestor (*agente*)	Conselho (*principal*)
Iniciação geração de propostas para utilização de recursos	***Aprovação*** escolha das iniciativas a serem implementadas
Implementação execução das propostas ratificadas	***Monitoramento*** mensuração e avaliação da ação do gestor

Fonte: Adaptado de Fama e Jensen, 1983a.

Esse quadro de referência é válido especialmente quando existe uma clara separação de propriedade e controle, como na gestão da empresa profissionalizada de capital (controle) disperso, comum nos mercados anglo-saxões. Ele sugere que o gestor (*agente*) em geral é quem *inicia* o processo, gerando alguma proposta a ser desenvolvida pela empresa.

Em seguida, o conselho deverá *aprovar* (ratificar) ou não a proposta. Volta a ser o papel do gestor a *implementação* da proposta. E ao conselho cabe *monitorar* e avaliar como o gestor a implementa.

Nas empresas com capital concentrado, em que os acionistas fazem parte do controle efetivo da organização, tal modelo não se aplica inteiramente, pois, em muitas situações, o processo de iniciação de uma proposta parte do próprio *principal*.

A literatura sobre governança tem inúmeros exemplos inconclusivos sobre a melhor maneira de composição, tamanho e independência dos conselhos. O aprofundamento da abordagem do papel do conselho no desempenho das organizações é foco de grande parte dos estudos empíricos sobre governança. Embora sem consenso do ponto de vista da ciência administrativa, uma série de recomendações é proposta no sentido de propiciar melhorias na efetividade dos conselhos. *O Código das melhores práticas* do IBGC, revisado em 2004, destaca alguns parâmetros para a composição do conselho: a representatividade de acionistas, membros da gestão e membros externos (presença de membros externos), separação das funções do diretor presidente *(CEO)* e presidente do conselho *(chairman)*, rotatividade dos membros, pauta e freqüência de reuniões, entre outras.

b) Políticas de remuneração dos gestores

Na lógica das empresas, o papel do gestor na maximização da riqueza dos acionistas é diretamente proporcional à recompensa que ele recebe ao final do período. Em tese, a política de remuneração é o mecanismo de incentivo pecuniário que faz com que a busca de criação de valor para a organização seja alinhada com a busca de valor para os gestores ao longo do tempo. A moderna gestão estratégica de recursos humanos está intrinsecamente ligada a esse processo.

Políticas de participação nos resultados da organização ou *stock options*, entre outras, são formas – embora imperfeitas – de, nas empresas, propiciar um maior alinhamento de interesses entre gestores e acionistas. Em geral, essa recompensa se dá pela propriedade de parcela das ações ou pela *opção* de realização de compra de ações em período futuro (*stock options*). De maneira simplificada, o uso de *stock options* funciona do seguinte modo: supondo que a ação de uma determinada empresa tenha um índice 100 no tempo T_0, se ao final de um período de tempo predeterminado (T_1) esse índice subir para 200, o gestor poderá optar por adquirir a ação pagando o valor equivalente ao índice 100. Assim, há o incentivo para a criação de valor para a organização, mensurada pela criação de valor das ações.

Entretanto, na prática também é possível esse processo implicar desvios na conduta do gestor, que pode estar propenso a manter o valor elevado das ações a qualquer custo, gerando distorções, fraudes contábeis e a conseqüente elevação do risco da empresa e perda de reputação. Alguns grandes escândalos recentes (Enron, por exemplo) ilustram esses riscos. Ou seja, quanto à estrutura de incentivos que se deseja criar para alinhar interesses, ela por si só não é suficiente. O exercício de mecanismos de monitoramento e controle é fundamental.

c) Estrutura de propriedade

Existe um amplo debate na literatura de governança analisando a estrutura de propriedade das empresas com fins lucrativos e a possibilidade de melhor monitoramento e alinhamento entre *gestores* e *principais* (Becht et al., 2002). Dois padrões de estruturas de propriedade podem ser referenciados: o padrão característico do modelo anglo-saxão, no qual a estrutura de propriedade das empresas é dispersa, e os acionistas individualmente possuem menor poder de controle, e o padrão dos modelos nipo-germânico, europeu e latino, caracterizados por estruturas de propriedade com capital concentrado.

1) O modelo anglo-saxão – estrutura de capital disperso

Nesse caso, o conflito de interesses acontece entre os investidores externos (acionistas dispersos), que são detentores de direitos de decisão dispersos, e os gestores. É um típico problema de ação coletiva entre investidores.

Nessa situação, o poder de cada acionista individualmente é muito fraco, e requer um elevado sistema de proteção do mercado acionário, permitindo liquidez, transparência de informações, sistemas regulatórios rígidos e uma efetiva aplicação da lei (*enforcement*), com sanções exemplares às práticas fraudulentas por parte dos gestores.

A estrutura de capital dispersa propicia, em tese, a democratização do acesso ao capital (*public held corporations*), maior alavancagem para o seu crescimento e maior estabilidade ao longo do tempo, já que independe de transferência de poder, como no caso de um grupo fechado ou familiar, ou seja, existe maior equacionamento do processo sucessório, com sinalização transparente ao mercado. A meritocracia, também em tese, prevalece, pois um dos papéis centrais de um conselho forte e representativo é a contratação de profissionais adequados para as funções executivas, alinhando os interesses pelas vias do incentivo e do monitoramento sistemático de suas ações. Adicionalmente ao papel do conselho, para que esse modelo funcione adequadamente, os mecanismos externos de governança (mercado de capitais e aspectos legais e regulatórios) exercem um papel fundamental para trazer confiança aos investidores dispersos que estão distantes do controle da organização.

2) Os modelos nipo-germânico, europeu e latino – estrutura de capital concentrado

A similaridade entre esses modelos é a estrutura de propriedade concentrada, característica de países como Alemanha e

Japão, e com algumas variações no restante da Europa Continental e da América Latina.

O conflito ocorre entre os acionistas controladores e os acionistas minoritários. Nesse caso, os detentores do controle (*blockholders*), por um lado, possuem maior incentivo para monitorar os gestores (ao contrário dos pequenos investidores dispersos), mas, por outro, podem gerar conflitos com os acionistas minoritários. No Brasil, a estrutura de propriedade concentrada predomina com o controle das empresas em poder de grupos familiares.

Existem algumas vantagens e desvantagens inerentes ao modelo de capital concentrado. As principais vantagens são que o acionista majoritário tem um maior incentivo para o monitoramento dos *agentes* e participa efetivamente do processo de tomada de decisão nas estratégias empresariais. Os custos de agência se reduzem, pois o controlador acompanha muito de perto a gestão. Analogamente, a desvantagem está justamente na intrínseca relação dos acionistas controladores na gestão da empresa, o que pode trazer distorções e conflitos de interesse entre majoritários e minoritários. O princípio da eqüidade é mais difícil de ser efetivado, pois os acionistas controladores podem expropriar fluxo de caixa da empresa em benefício próprio, por exemplo, salários elevados para si próprios e membros familiares (nepotismo), apropriação de recursos físicos da empresa para uso pessoal, entre outros. A literatura de governança apresenta vastos exemplos de potencial desalinhamento de interesse nesse tipo de modelo.

Ambos os modelos – capitais disperso e concentrado – propiciam vantagens e desvantagens. Estudos que procuram indicar o modelo mais efetivo são inconclusivos. Entretanto, no longo prazo, boa parte dos analistas apontam que, conforme melhorias institucionais são efetivadas, especialmente nos mercados emergentes, e à medida que o fluxo de capitais cada vez mais se intensifique, ocorrerá uma gradativa evolução para o modelo anglo-saxão, implicando profundas mudanças tanto em aspectos legais e regulatórios como nos próprios valores culturais empresariais. É um processo longo, mas está em curso.

Resumo do Capítulo

Este capítulo explora a convergência entre os conceitos de responsabilidade social e governança corporativa. Como explicitado nos capítulos anteriores, muito mais do que o caráter filantrópico, o conceito de responsabilidade social enfoca o comportamento da organização na sociedade, e as relações contratuais formais e informais que se estabelecem entre as diferentes partes interessadas ligadas à organização (acionistas ou cotistas, colaboradores, clientes, fornecedores, credores, comunidade, governo).

O alinhamento de interesses na gestão de uma organização envolve mecanismos externos e internos, de incentivo e monitoramento. Os mecanismos externos mais efetivos são o próprio sistema legal e regulatório e o mercado de capitais. Os mecanismos internos são representados pelo papel do conselho, o sistema de remuneração e a estrutura de capital da organização. Nesse sentido, deve-se recorrer aos fundamentos da teoria econômica: o papel de uma empresa com fins lucrativos é, sim, a sua sobrevivência e o seu crescimento no mercado. A empresa deve buscar tanto lucro quanto possível, dentro do arcabouço legal e ético que permeia a sociedade. A busca do lucro faz parte da responsabilidade econômica da empresa, que é parte integrante da responsabilidade social corporativa. O lucro é a essência para o crescimento da organização, por todos os seus desdobramentos na forma de geração de produtos, serviços, renda, impostos e outras externalidades positivas na comunidade onde atua e para a sociedade em geral.

Com base nesse quadro de referência, as organizações que atingem ou excedem as expectativas legais, econômicas e éticas da sociedade se pautam por uma conduta socialmente responsável em seu meio. E os mecanismos de governança corporativa são fundamentais para que esse processo se consolide na prática.

CAPÍTULO 5

O TERCEIRO SETOR E A GOVERNANÇA[1]

"(...) o terceiro setor – constituído por organizações e associações não-governamentais e sem fins lucrativos – continua a ser como uma terra incógnita, quase inexplorada no que diz respeito a sua dinâmica interna, suas motivações e suas relações sociais, econômicas e políticas com o resto do mundo. (...) Na verdade, é no seio desta esfera institucional que quase toda a contribuição filantrópica – doações e voluntariado – se transforma em ação de ajuda, ou seja, bens e serviços para os beneficiários finais."

Rockefeller (1975,
apud Cardoso, 2000)

---

[1] Este capítulo foi desenvolvido a partir de artigo de autoria de Luciana Rocha de Mendonça e Cláudio Pinheiro Machado Filho (2004).

Objetivos do Capítulo

- Analisar as características das organizações de terceiro setor (OTS).
- Discutir a aplicação dos mecanismos internos (conselhos e sistemas de remuneração de gestores em OTS) de governança em OTS.
- Discutir a aplicação dos mecanismos externos (o ambiente legal e regulatório e o "mercado de doações") de governança em OTS.
- Analisar as alternativas de estrutura organizacional para ações de responsabilidade social: pela própria empresa, por uma OTS criada especificamente para essa finalidade (por exemplo, uma fundação), ou via parcerias e doações para OTS especializadas.

As Organizações de Terceiro Setor (OTS)

Algumas evidências recentes demonstram a crescente importância, não apenas no Brasil, mas de forma global, das *organizações de terceiro setor*. O terceiro setor pode ser definido como o conjunto de atividades privadas com fins públicos e sem fins lucrativos, composto por instituições civis de qualquer origem – religiosa, comunitária, de trabalhadores, institutos e fundações empresariais, organizações não-governamentais, entidades religiosas, entidades de assistência social e benemerência e outras – diferenciando-se da lógica do Estado (público com fins públicos) e de mercado (privado com fins privados). Conforme ressalta a professora Rosa Maria Fischer (2002), coordenadora do Ceats,[2] as organizações do terceiro setor variam em

---

[2] O Ceats (Centro de Empreendedorismo Social e Administração em Terceiro Setor) é um programa de pesquisa da Fundação Instituto de Administração (FIA), entidade conveniada com a FEA/USP, que desenvolve estudos e pesquisas sobre responsabilidade social e terceiro setor (www.ceats.org.br).

tamanho, grau de formalização, volume de recursos, objetivo institucional e forma de atuação, representando a diversidade da sociedade civil. A organização do terceiro setor no Brasil ganhou dinamismo com o próprio processo de democratização, no final da década de 1980.

No ano 1995, existiam cerca de 220 mil organizações de terceiro setor no Brasil, movimentando recursos da ordem de 10,6 bilhões de reais (Landim et al., 1999). De acordo com o Grupo de Institutos, Fundações e Empresas (Gife), cerca de 35 fundações e 31 associações e institutos, mantidos por empresas que desenvolvem projetos de caráter social, faziam parte de seu rol de associados. Apenas esse grupo representava investimentos de 805 milhões de reais em 2004.

Segundo a professora Ruth Cardoso (2000), foi o americano John D. Rockefeller quem cunhou a expressão terceiro setor, publicando em 1975 o primeiro estudo detalhado sobre a importância das iniciativas empresariais com sentido público na sociedade norte-americana.[3]

O terceiro setor engloba todo tipo de organização sem fins lucrativos – portanto, não é uma esfera homogênea. Tendo em vista a necessidade de realizar comparações internacionais en-

---

[3] O estudo intitulou-se *The third sector* X, sendo o principal inspirador da "Comissão sobre Filantropia Privada e Necessidades Públicas", dos Estados Unidos. Segundo Rockefeller (apud Cardoso, 2000), "refiro-me a um setor menos visível do que o normalmente dominante no mundo dos negócios e do governo. Enquanto esses dois reinos foram e continuam a ser microscopicamente examinados e analisados, e suas fronteiras em geral já foram identificadas por especialistas e leigos de plantão, o terceiro setor – constituído por organizações e associações não-governamentais e sem fins lucrativos – continua a ser como uma terra incógnita, quase inexplorada no que diz respeito a sua dinâmica interna, suas motivações e suas relações sociais, econômicas e políticas com o resto do mundo. (...) Na verdade, é no seio desta esfera institucional que quase toda a contribuição filantrópica – doações e voluntariado – se transforma em ação de ajuda, ou seja, bens e serviços para os beneficiários finais".

tre organizações dessa natureza, Salamon e Anheier (1992) propuseram uma definição estrutural-operacional para as OTS. Assim, elas devem ser:

- Formais
- Privadas
- Não-distributivas de lucros
- Autônomas
- Voluntárias

Para ser considerada parte do terceiro setor, uma organização tem de perpassar por todos esses cinco critérios e deve ter procedimentos de governança próprios. Essa definição não se baseia na função da organização, abrindo espaço para que uma ampla gama de empreendimentos sociais seja enquadrada na esfera do terceiro setor. Nesse conceito se encaixam as fundações empresariais de caráter filantrópico, associações beneficentes e outras entidades que promovem atividades de caráter social, não representadas pelo Estado nem por organizações de mercado.

A Governança em Organizações de Terceiro Setor (OTS)

Como discutido no capítulo anterior, na essência das práticas de governança está a necessidade da redução do *desalinhamento entre principal e agente*, de forma que se busque conciliar os interesses de longo prazo do empreendimento.

Esse desalinhamento, derivado da delegação de poder e da criação de assimetrias informacionais, ocorre em qualquer tipo de organização, embora se levando em conta as diferenças intrínsecas dos diversos tipos de organização, *com* e *sem* fins lucrativos. Os mecanismos de governança podem ser aplicados a organizações não-governamentais de caráter social, associações de classe, cooperativas, universidades, clubes de futebol etc.

Segundo Fischer (2002, p. 51), os maiores desafios para as OTS estão na melhoria da eficácia de gestão dessas organizações ou, em essência, nas melhorias da governança:

> Para superar essa vulnerabilidade e fortalecer-se no estabelecimento de alianças estratégicas, as organizações da sociedade civil necessitam desenvolver algumas competências essenciais (...) as competências para apresentar sua operação e sua gestão com transparência, em um conceito aproximado do significado do termo inglês *accountability*. E as competências para produzir serviços com alto padrão de qualidade, que gerem resultados efetivos e passíveis de avaliação pelo conjunto da sociedade civil.

A Separação entre Propriedade e Controle nas OTS

A tendência de separação entre *principal* e *agente* ocorre, nessas organizações sem fins lucrativos, principalmente em função de dois aspectos: o primeiro, de caráter interno, refere-se aos fundadores e idealizadores das organizações, que vêm deixando a função de gestores para atender à necessidade de profissionalização do setor; o segundo aspecto, de caráter externo, relaciona-se ao aumento da rigidez na prestação de contas aos *principais*, especialmente os parceiros e doadores. Contudo, na ausência de dividendos, qual o *incentivo* que os *principais* têm em exercer o controle sobre os *agentes*?

Diferentemente do que ocorre nas empresas, os *principais* – instituidores – não têm direitos residuais baseados no percentual de participação das ações ou cotas. A própria caracterização de quem são os *principais* é mais fluida e há entre eles indivíduos com menores incentivos ao monitoramento e ao controle. Os doadores e voluntários atuam para proteger, em vez de dividendos, as externalidades positivas criadas pelas atividades da organização (Herrero et al., 2002).

No entanto, da mesma forma que em qualquer setor da economia, a maximização dos objetivos dos doadores e da sociedade não é inerente à atividade administrativa. Mesmo quando o gestor é um voluntário, o problema de agência mantém-se na medida em que o altruísmo (a preocupação com o bem-estar dos outros) não faz do indivíduo um *agente* perfeito – que age em prol do *principal* (Misorelli, 2003). Os *principais* de uma organização sem fins lucrativos têm pouco incentivo para monitorar a eficiência do gestor, dando a ele considerável poder discricionário, inclusive para realocar recursos visando ao próprio benefício. O menor interesse dos doadores em monitorar ocorre porque, normalmente, após a doação, as preocupações com os resultados gerados são pequenas e há poucos mecanismos de controle do processo. Isso acontece, principalmente, por três motivos:

- A motivação que levou o indivíduo a fazer a doação é, geralmente, pouco focada em resultados mensuráveis.
- Em muitas situações, predomina a falta de compreensão do doador quanto ao objeto de trabalho da organização.
- Maior dificuldade do gestor em comunicar, de forma clara, o objeto de trabalho da organização.

Para analisar essa situação, é necessário considerar dois aspectos relacionados aos doadores e aos beneficiários:

- Como Fama e Jensen (1983) reconhecem, a inexistência de dividendos não significa que não haja riscos de perdas tanto pelos doadores quanto pelo público beneficiário. E como o público beneficiário não tem, muitas vezes, condições de monitorar os serviços, os doadores acabam por assumir o risco da alocação de recursos feita pela organização.

- É necessário que existam mecanismos internos de gestão que assegurem aos *principais* que os seus recursos não foram expropriados pelos *agentes*.

Assim, o processo de seleção da organização que receberá recursos indica a preocupação do doador quanto à sua utilização e à maximização dos resultados. Isso torna essencial, para as organizações sem fins lucrativos, desenvolver e mostrar quais e quão efetivos são seus mecanismos de controle para manter os gestores dentro de limites aceitáveis de discricionariedade.

No tópico a seguir serão abordados os mecanismos internos e externos de governança, com o objetivo de minimizar os problemas de desalinhamento entre os gestores (*agentes*) e os *principais* (instituidores) nas OTS.

Analogamente às empresas com fins lucrativos de capital aberto, nas organizações de terceiro setor também se aplicam mecanismos de controle para mitigar problemas causados por divergências entre doadores e gestores. Nas empresas com fins lucrativos, esses mecanismos de controle são classificados em externos – sistema legal e regulatório, mercados de capitais e do produto – e internos – sistema de controle exercido pelo conselho. Embora imperfeitos, os mecanismos de monitoramento e incentivo nas empresas com fins lucrativos destinam-se à redução do desalinhamento de interesses entre gestores e *principais*, tendo como base a diminuição da assimetria informacional. A partir dessa classificação, é possível traçar alguns paralelos entre a aplicação dos mecanismos internos e externos de governança nas empresas e nas OTS.

Mecanismos externos de alinhamento em organizações de terceiro setor

a) O sistema legal e regulatório

O sistema legal e regulatório, baseado em um marco legal genérico e com poucas ferramentas práticas de fiscalização, ainda está longe de criar um mecanismo efetivo para monitorar o comportamento gerencial dentro das organizações sem fins lucrativos. Da mesma forma, segundo Herrero et al. (2002), os mercados do produto e de trabalho, dada a sua fragilidade, não podem ser considerados aptos a controlar o serviço/produto fornecido pela organização sem fins lucrativos.

No Brasil, em particular, o marco regulatório no qual se insere o terceiro setor passou por mudanças importantes em um passado recente com a promulgação da Lei n. 9.790/99 das Organizações da Sociedade Civil de Interesse Público (Oscip), que enquadra as pessoas jurídicas sem fins lucrativos. Essa lei representa importante avanço no marco regulatório, pois prioriza a transparência e valoriza o papel do conselho fiscal, das auditorias externas e da adoção de práticas administrativas que visam coibir o conflito de interesses.

b) O mercado de capitais versus "o mercado de doações"

Nas empresas privadas, os mecanismos institucionais reguladores e o próprio mercado, ainda que imperfeito, têm papel disciplinador, ou seja, a ineficiência da gestão pode refletir-se nos preços das ações no mercado; em função disso, os *principais* têm forte incentivo para monitorar as atividades do gestor e o destino de seus recursos. Em caso de ineficiência de gestão, existe o incentivo para investidores externos assumirem o controle da empresa (*hostile takeovers*).

No terceiro setor essa possibilidade é inexistente. O mercado de capitais das organizações sem fins lucrativos é representado pelo *mercado de doações*, o qual se baseia na liberdade dos doadores para direcionar seus recursos à organização que escolherem. Entretanto, essa escolha não se fundamenta em uma relação transparente, pois existe forte assimetria informacional entre o gestor da organização e aquilo que é amplamente divulgado e que influencia a escolha dos doadores (Akerlof, 1970).

O ambiente institucional também pode ter papel importante para inibir atitudes oportunísticas do gestor, sob pena de perda de reputação da organização. O *mercado de doações* poderia, assim, regular o comportamento dos *agentes* na captação e, principalmente, na utilização de recursos para o financiamento dos projetos sociais. Quanto mais restrito o *mercado de doações*, maior a preocupação dos *agentes* com a manutenção do capital reputacional da organização.

Mecanismos internos de alinhamento em organizações de terceiro setor

a) O papel do conselho

Em uma OTS o conselho deveria ser um mecanismo de extrema importância, ante a fragilidade das formas externas de monitoramento das atividades da organização. No entanto, a participação do conselho como ferramenta de controle tem sido incipiente. A motivação de seus membros para monitorar os resultados da organização é pequena, uma vez que sua composição dificilmente leva em conta a capacitação técnica e a representação dos *stakeholders*, além de, no Brasil, ser vedada, legalmente, a remuneração a esses conselheiros. Muitas vezes os conselheiros são indicados por sua representatividade na sociedade, para abertura de oportunidades para a OTS, ou por seu envolvimento com a causa específica da organização. Na prática, no entanto, o conselho tem pouco comprometimento efetivo com as ações estratégicas praticadas pela OTS.

Outro aspecto importante é a menor condição do conselho para analisar resultados tangíveis da OTS, em função da dificuldade em estabelecer indicadores de desempenho individuais e organizacionais vinculados ao objeto de atuação social. Mesmo em uma organização que atua de forma transparente, a alocação eficiente dos recursos não é facilmente passível de monitoramento pelos doadores e/ou seus representantes no conselho. O problema de agência vincula-se, nesse caso, à dificuldade do conselho em certificar-se de que os recursos doados – financeiros e não-financeiros – não foram expropriados ou utilizados em projetos pouco efetivos. Permanece a dificuldade em avaliar a eficiência do gestor, principalmente pela falta de informações claras e de conhecimento específico, já que, na maioria das vezes, os resultados são intangíveis e raros os indicadores que possibilitam a comparação entre organizações, devido à dificuldade de parametrização de indicadores de eficiência.

Alguns autores consideram que a eficiência de uma organização sem fins lucrativos deve ser mensurada por indicadores relacionados ao bem-estar social. Contudo, a mensuração é difícil de obter por causa da complexidade das atividades e de os benefícios sociais associados aos projetos poderem ser alcançados apenas no longo prazo. Nem sempre é possível estabelecer causalidade entre os programas realizados e os efeitos aos beneficiários. As medidas precisariam combinar o papel do gestor e a reputação filantrópica da organização.

No Brasil, apesar dos esforços para aprimorar a avaliação de resultados em organizações sem fins lucrativos, a cultura da avaliação ainda é pouco desenvolvida. A dificuldade em criar indicadores de desempenho e de impacto social dá margem ao risco moral (*moral hazard*), ou seja, o *principal* torna-se dependente da informação proporcionada pelo próprio *agente*. O risco moral ocorre quando uma ou mais partes de um relacionamento têm comportamento oportunista pós-contratual (*ex post*) em razão da assimetria informacional (Akerlof, 1970). A minimização desse risco implica o aumento do custo de informação, que, por sua vez, aumenta o custo de transação.

b) Políticas de remuneração dos gestores das organizações de terceiro setor

Na lógica das empresas, o papel do gestor na maximização da riqueza dos acionistas é diretamente proporcional à recompensa que ele recebe ao final do período. Por isso, políticas de participação nos resultados da organização ou *stock options*, entre outras, são formas, embora imperfeitas, de propiciar maior alinhamento de interesses entre gestores e acionistas nas empresas. Nas organizações de terceiro setor, o alinhamento via benefícios pecuniários é inexistente. Não há a expectativa desse tipo de retorno, mas de ganhos sociais ou para uma causa específica.

Essa característica pode levar a duas hipóteses distintas: a primeira é a de que o gestor de uma OTS, em condições de competência similares às de um gestor de empresa privada, tenderia a desenvolver um maior truísmo na sua decisão de atuar em uma organização que lhe propicie ganhos pecuniários menores do que poderia obter no mercado. A outra hipótese é a de que, na média, os gestores de OTS teriam potencialmente menores qualificações e, portanto, atuariam em organizações de terceiro setor por possuírem menores oportunidades no mercado privado, levando a uma condição subótima na gestão das OTS.

c) Estrutura de controle

Há um paralelo entre a estrutura de controle de uma empresa e a de uma OTS que necessita de maior aprofundamento conceitual e estudos empíricos. Nas OTS, não há estudos comprovando que a existência de um grande doador implique melhor monitoramento. Entretanto, pode-se levantar a hipótese de que, com grandes instituidores, o risco de não-alinhamento seria menor, pois o instituidor teria maiores incentivos para monitorar o gestor. No caso de uma organização com doadores dispersos, o incentivo de cada doador para monitorar a utilização dos recursos seria comparativamente menor.

Em uma OTS que se mantém com recursos de doadores dispersos, predomina entre eles a hipótese de que os gestores irão alocar os recursos da forma mais eficiente possível, mas isso não é assegurado por amplo monitoramento por parte dos *principais*. Nesse caso, mecanismos de governança para reduzir o conflito de interesses entre doadores e gestores podem ser caracterizados como um típico problema de ação coletiva dos doadores.

A escolha da estrutura organizacional para lidar com ações de responsabilidade social

Assumindo que, em certas situações, as ações de responsabilidade social podem estar alinhadas com a função-objetivo da empresa de maximização de valor, outra discussão importante se refere à comparação de *estruturas organizacionais* alternativas para a condução de ações sociais, interna ou externamente aos limites da empresa.

Ou seja, algumas questões devem ser consideradas: a empresa cria um departamento dentro do seu organograma para tratar de projetos sociais? Ou cria sua própria organização de terceiro setor, como uma fundação empresarial? Ou apenas doa recursos para que outras organizações de terceiro setor desenvolvam os projetos sociais?

A opção interna é aquela de acordo com a qual a empresa opera as ações de responsabilidade social dentro da sua própria estrutura organizacional, mantendo essas atividades no seu organograma. A opção externa é aquela consoante a qual a empresa desenvolve parcerias com outras instituições, aportando recursos, mas não operando diretamente as ações de responsabilidade social, ou cria uma organização própria para operar as ações sociais, como uma fundação sem fins lucrativos.

A Figura 5.1 destaca três tipos de estrutura para a empresa lidar com ações de responsabilidade social.

Opção A – A empresa internaliza as atividades, operacionalizando diretamente os projetos sociais

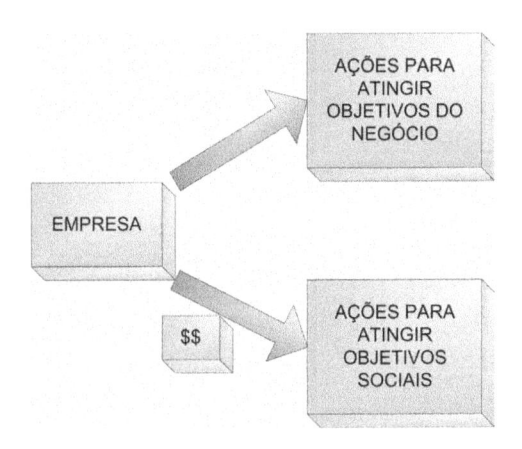

Figura 5.1 – Três estruturas alternativas para desenvolver ações de responsabilidade social. (cont.)

Opção B – A empresa desenvolve ações sociais por meio de outra organização sob seu controle

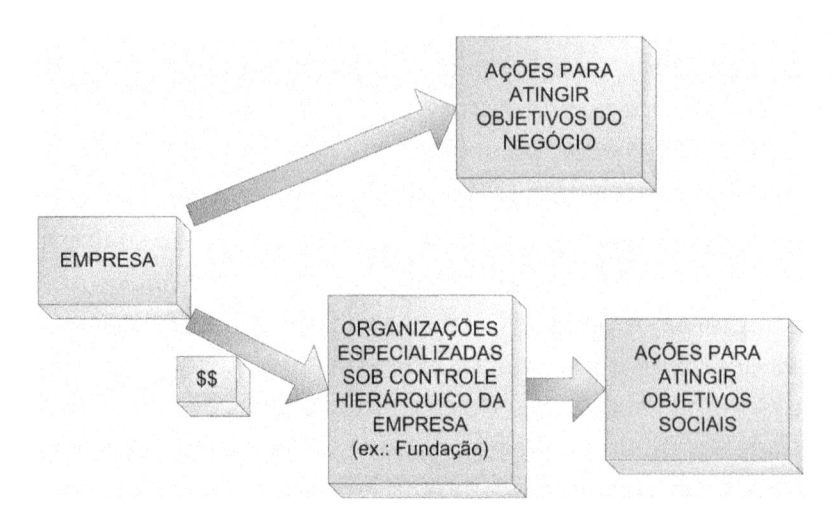

```
EMPRESA ──→ AÇÕES PARA ATINGIR OBJETIVOS DO NEGÓCIO
$$ ──→ ORGANIZAÇÕES ESPECIALIZADAS SOB CONTROLE HIERÁRQUICO DA EMPRESA (ex.: Fundação) ──→ AÇÕES PARA ATINGIR OBJETIVOS SOCIAIS
```

Opção C – A empresa desenvolve ações sociais por meio de parcerias com outras organizações, sem operacionalizar diretamente as atividades

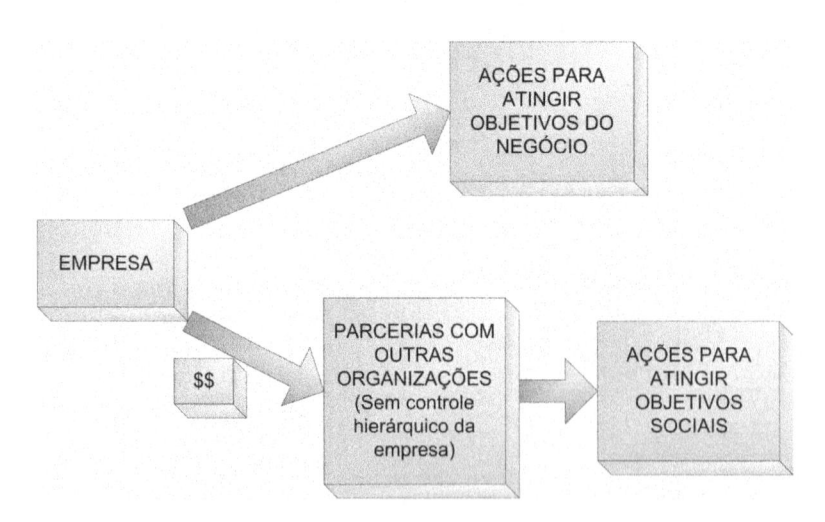

```
EMPRESA ──→ AÇÕES PARA ATINGIR OBJETIVOS DO NEGÓCIO
$$ ──→ PARCERIAS COM OUTRAS ORGANIZAÇÕES (Sem controle hierárquico da empresa) ──→ AÇÕES PARA ATINGIR OBJETIVOS SOCIAIS
```

Figura 5.1 – Três estruturas alternativas para desenvolver ações de responsabilidade social.

As três opções podem ser analisadas quanto às especificidades da atuação da empresa.

Opção A – *Internalização da atividade social, por meio da operacionalização direta de projetos sociais pela própria estrutura organizacional da empresa.*

É o caso em que existiria alta especificidade das ações da empresa, em função do tipo e do local das ações sociais a serem desenvolvidas. Por exemplo, ações sociais/ambientais que têm efeito direto e interligado com a atividade central da empresa, como uma determinada ação corretiva ou preventiva de potenciais efeitos ambientais da empresa na sua área de atuação.

Também é o caso de uma ação social intrinsecamente relacionada com a atividade, especialmente as ações internas dirigidas aos próprios funcionários, com efeitos no desempenho da empresa. Ou quando se deseja explorar de forma intensa a especificidade da marca, associando diretamente determinada prática de responsabilidade social ao negócio da empresa.

Opção B – *Criação de uma estrutura própria especializada em atividades sociais.*

É o caso das fundações empresariais especializadas, criadas especificamente para lidar com as ações de responsabilidade social dirigidas à comunidade, sob controle da empresa mantenedora.

Esse caso justifica-se quando não existe necessariamente uma ligação intrínseca direta entre a ação de responsabilidade social e a atividade central da empresa. Entretanto, a empresa mantenedora deseja ter sob seu controle os objetivos básicos e as estratégias dessa organização e, de alguma forma, explorar a "especificidade da marca", associando a imagem da empresa às atividades sociais desenvolvidas pela organização sob seu controle hierárquico.

As fundações empresariais vêm ganhando destaque como parte integrante do terceiro setor com a ampliação das ações sociais por parte das empresas, que procuram desenvolver seus projetos sociais por meio de uma estrutura própria especializada. Alguns exemplos são: Fundação Bradesco, Fundação C&A, Fundação Orsa, Fundação Acesita, Fundação Belgo, Fundação Itaú, entre outras, que vêm obtendo projeção por suas atividades.

Opção C – *Ações sociais por meio de parcerias com outras organizações.*

Nessa opção, a empresa não opera diretamente as ações sociais, e também não mantém sob seu controle uma organização externa para lidar com ações sociais. As iniciativas da empresa são *spot*, ou seja, dão-se por meio de doações, contratos de parceria ou outras formas indiretas de atuação social. O grau de envolvimento e o comprometimento com os resultados e as conseqüências das ações sociais são menores que nos modelos anteriores.

De acordo com o enfoque da *teoria da agência*, deve-se considerar que a estrutura seja capaz de atingir dois requisitos:

1) A minimização dos custos de *agência* (conflitos na relação *agente-principal*).
2) A efetividade das ações sociais.

A partir de uma determinada complexidade ou volume das ações sociais, a opção B seria a mais indicada. Primeiro, porque haveria uma clara separação das funções-objetivo das duas organizações. A empresa poderia financiar a organização externa – sob seu controle hierárquico – com uma quantidade especificada de recursos, e os *agentes* seriam responsáveis pelas ações, monitorados pelos donatários – em última instância, os acionistas da empresa. Os *agentes*, por sua vez, estariam concentrados somente nas estratégias e ações voltadas para os objetivos do negócio. As fundações empresariais se enquadram nesse universo.

A outra razão é baseada no argumento funcional, pois os tipos de ação e o perfil dos *agentes* que lidam com organizações *com* e *sem* fins lucrativos são diferentes em muitos aspectos. Como conseqüência, o grau de especialização requerido para o gerenciamento dessas organizações é distinto. As ações tanto dos *agentes* da empresa com fins lucrativos como dos *agentes* da empresa social se tornam mais transparentes e verificáveis. Em tese, esses argumentos sustentam a separação de funções – objetivos do negócio e objetivos sociais – entre diferentes entidades. Mas a separação das atividades requer um claro e eficaz sistema de monitoramento e controle.

A despeito da emergência das fundações empresariais no Brasil, a maioria das empresas com programas sociais não possui estrutura especializada para o gerenciamento dos investimentos sociais. Essa estrutura contribuiria para se obter mais qualidade e eficiência na aplicação de recursos. No contexto brasileiro, em pesquisa realizada pelo Ceats (2001), foram feitos uma caracterização e um mapeamento da atuação social de um conjunto de empresas. De uma amostra de 379 questionários enviados para empresas com atuação social, 78% desenvolviam ações sociais sem fundações próprias de apoio, e 22% desenvolviam ações por meio de fundações.

Caso 5.1 – Organizações de fomento das práticas socialmente responsáveis

No Brasil, destacam-se algumas organizações com papel catalisador importante na disseminação da cidadania empresarial: o Grupo de Institutos, Fundações e Empresas (Gife), o Instituto Ethos e a Fundação Instituto de Desenvolvimento Social e Empresarial (Fides), e o Institu-

(cont.)

to Brasileiro de Análises Sociais e Econômicas (Ibase). O Gife procura orientar empresas e fundações na realização de projetos sociais, e o Instituto Ethos apóia as empresas na implementação de medidas socialmente responsáveis. Ambas são inspiradas na organização americana Business for Social Responsibility (BSR).

O Instituto Ethos, o Fides e o Ibase orientam as empresas na elaboração de seus balanços sociais, publicação empresarial com informações e indicadores de investimento e ações realizadas por elas no cumprimento de sua função social com funcionários, governo e comunidades com as quais interagem.

Caso 5.2 – Fundação Orsa – A estrutura organizacional para lidar com as atividades de responsabilidade social

No Capítulo 2 foi ilustrado o caso do Grupo Orsa, instituidor da Fundação Orsa. Essa fundação desenvolve ações sociais a partir de recursos gerados pelas empresas do Grupo (Orsa Embalagens, Jari Celulose e Orsa Florestal). A Jari Celulose foi adquirida pelo grupo em 2000, e a partir de então se estabeleceu uma nova relação entre a empresa e a comunidade do Jari, com o início da atuação da Fundação Orsa na região.

Uma questão relevante é a comparação das diferenças entre o desenvolvimento das ações sociais da Jari anteriormente e o da Fundação Orsa atualmente. No caso da Jari, como principal empresa operando na região, o envolvimento de alguns dos antigos gestores da empresa com a comunidade era caracterizado por relações paternalistas e assistenciais, distorcidas em muitos aspectos. Os gestores da empresa assumiam poderes políticos e sociais nas relações com a comunidade, causando sérios problemas de agência.

Em outras palavras, faziam supostamente "ações sociais" com recursos da empresa, e via de regra as ações desempenhadas eram pouco efetivas para a resolução dos reais problemas sociais da região. Não havia planejamento ou controle dessas ações, que eram realizadas de forma dispersa e sem critérios claros. Muitas ações eram injustificadas tanto do ponto de vista social como do econômico, gerando apenas elevados custos para a empresa.

(cont.)

Além dessas ações sem critérios, a empresa desenvolvia – e ainda desenvolve parcialmente – atividades típicas do setor público, como a administração do aeroporto local, tratamento de água, suprimento de energia, entre outras. Tais atividades fizeram sentido pelo fato de a empresa ser pioneira em região remota e com escassa infra-estrutura básica. A situação foi reportada em várias entrevistas na região do Jari. Os habitantes locais viam a Jari como uma organização poderosa, "onipotente", com poderes típicos da esfera pública, substituindo em muitos aspectos as tarefas da prefeitura e das secretarias municipais e estaduais.

Gradativamente, a empresa começou a se desvincular dessas atividades. As ações de cunho social da Jari estão sendo canalizadas para a Fundação Orsa.

A separação de funções entre a empresa Jari e a Fundação Orsa parece ter sido benéfica para ambas, reduzindo ineficiências decorrentes de custos de agência oriundos do desalinhamento de interesses entre os *principais* (acionistas) e *agentes* (gestores).

A Fundação tem uma função-objetivo bastante clara. Com base em estudo realizado, foram mapeados os principais problemas da região, como consumo de drogas, prostituição, violência, doenças, problemas sanitários e ambientais. As ações sociais implementadas pela estrutura organizacional da Fundação são mais efetivas e focalizadas, possibilitando resultados mais visíveis em termos de melhorias sociais para crianças e adolescentes em situação de risco na região. Esse exemplo constitui uma evidência empírica que reforça a opção B apresentada no referencial teórico – estrutura organizacional especializada para lidar com ações sociais, sob controle hierárquico da empresa, por meio de seus instituidores.

Resumo do Capítulo

Os mecanismos de governança em organizações do terceiro setor são cada vez mais necessários, ante a importância desse setor na sociedade contemporânea e a conseqüente profissionalização em curso. Uma agenda de investigação efetiva deveria estimular o desenvolvimento de estudos empíricos para avaliar os mecanismos externos e internos de governança aplicados ao terceiro setor:

- Mecanismos externos: o acompanhamento do marco regulatório e a análise dos desdobramentos das propostas da legislação revelam-se importantes para a melhoria da governança dos diferentes tipos de organizações de terceiro setor. Ainda entre os mecanismos externos, o papel do "mercado de doações" e o da reputação na captação de recursos pelas OTS precisam ter um aprofundamento analítico.
- Mecanismos internos: o papel, a composição e o *modus operandi* do conselho são extremamente relevantes e podem aprimorar as práticas de governança e de gestão em OTS.

O estudo dos sistemas de remuneração de profissionais atuantes no terceiro setor é outro tema de investigação extremamente importante. Dadas as características intrínsecas das OTS, deve-se entender mais claramente o perfil e as motivações dos profissionais do terceiro setor, possibilitando a proposição de políticas de remuneração adequadas. Outra questão a ser aprofundada relaciona-se aos indicadores de desempenho para a avaliação dos gestores das OTS, visando subsidiar as decisões estratégicas dos conselhos. Como as OTS vêm-se profissionalizando e precisam concorrer por doações escassas, esse assunto terá importância cada vez maior.

CAPÍTULO 6

GOVERNANÇA EM COOPERATIVAS E ASSOCIAÇÕES DE INTERESSE PRIVADO

"Na nova geração de cooperativas deverá haver um objetivo claro na orientação de negócios, não se afastando de uma meta factível de longo prazo, onde a cooperativa deve trilhar somente os caminhos onde apresente vantagens claras de eficiência e gestão; este é o caminho econômico e social a ser seguido pelo empreendimento coletivo."

Bialoskorski Neto (2000, p. 253)

Objetivos do Capítulo

- Discutir a natureza e as características intrínsecas de outros dois tipos de organização: as organizações do tipo cooperativista e as associações de interesse privado, representativas de classes, setores empresariais, sindicatos etc.
- Discutir os desafios de governança em organizações do tipo cooperativas.
- Discutir os desafios de governança em organizações associativas.
- Apresentar um modelo prático de gestão estratégica, como ferramenta de governança em cooperativas e organizações associativas.

Governança em Organizações Cooperativas

Em estudos recentes, diversos autores vêm aprofundando o estudo da empresa cooperativa, sob diversos enfoques teóricos. A missão fundamental das cooperativas é servir como intermediária entre o mercado e as economias dos cooperados para promover o seu incremento. Diferentemente das sociedades de capital, em que o voto é proporcional ao capital de cada investidor, a cooperativa é uma sociedade de pessoas, em que cada cooperado tem direito a um único voto. Dessa diferenciação fundamental decorrem diversas implicações para o processo de gestão em cooperativas, em especial na relação entre cooperado e cooperativa.

Nas empresas de capital aberto, o mercado de capitais induz ao incentivo para o alinhamento das ações dos gerentes com os interesses dos detentores do capital. No caso das cooperativas, tal incentivo é pouco relevante, pois, em geral, as mudanças no controle das cooperativas são incomuns. O monitoramento do *agente* pelo *principal* é muito tênue, já que os direitos de propriedade sobre os resíduos tendem a ser dispersos, tendo em vista que todos os cooperados são sócios. A renda do cooperado decorre muito mais da venda de seu produto do que das eventuais "sobras" distribuídas ao final do exercício. Tal fato resulta em pouco incentivo para os *principais* (cooperados) monitorarem as ações dos *agentes* (gestores da cooperativa).

Além disso, em geral, nas cooperativas não existe a separação de propriedade e controle e, na maior parte dos casos, os dirigentes são associados, o que pode levar a maiores dificuldades de gestão à medida que a complexidade dos negócios nos quais a cooperativa está envolvida aumenta. Outra particularidade das cooperativas é que o cooperado é ao mesmo tempo, contraditoriamente, *proprietário* e *cliente* da cooperativa, o que provoca, em muitos casos, conflitos internos.

Exemplificando, ao vender sua produção à cooperativa, o cooperado deseja o maior preço possível, e na aquisição de insumos, pleiteia o menor preço possível. Ocorre que, em muitas situações, as cooperativas se vêem comprimidas entre a necessidade de operar com preços compatíveis com as possibilidades e a necessidade de atender ao seu cooperado. Por outro lado, no papel de proprietário, o cooperado deseja que a empresa cooperativa tenha o melhor desempenho econômico possível. Não raro esses fatos levam a uma equação insolúvel, especialmente em mercados altamente concorrenciais.

Os aspectos citados não esgotam as várias particularidades das empresas cooperativas, mas servem como um referencial para a análise de seus desdobramentos no processo de gestão em cooperativas.

No campo da estratégia, alguns elementos se tornam evidentes. Trata-se de um modelo de difícil gestão, pelos aspectos doutrinários – cada cooperado, um voto, que, em geral, acaba por tentar suprir demandas muito heterogêneas, induzindo um aumento natural do peso político no processo decisório. A governança se torna muito complexa, e grande parte do esforço gerencial se concentra nela. Carecendo de profissionais na gestão, distancia-se do mercado, focalizando a produção. Pela heterogeneidade de interesses, acaba por ter problemas de escala e falta de foco em negócios.

A eleição de dirigentes, com freqüência, é realizada embasada em propostas (promessas) com finalidades, em muitas situações, divergentes da eficácia produtiva e comercial. E a cada eleição, o rumo estratégico pode mudar, o que agrava o problema. Nestes casos, outro problema surge. O dinamismo do negócio fica restrito aos interesses e à capacidade de líderes carismáticos. A implementação dos mecanismos de governança passa a ter problemas, afinal, o líder *sabe que caminho seguir*.

Para se ter uma idéia da dimensão econômica, estima-se que o faturamento total das cooperativas de todos os ramos do cooperativismo no Brasil seja da ordem de 6% do PIB, as exportações atingiram a marca de 1,09 bilhão de dólares em 2003, com mais de 5,76 milhões de cooperados e geração de mais de 182 mil empregos diretos, segundo dados do Censo da Organização das Cooperativas Brasileiras (OCB) em 2003 (Tabela 6.1).

Tabela 6.1 – Representatividade dos ramos do cooperativismo no Brasil

Ramo	Cooperativas	Cooperados	Empregados
Agropecuário	1.519	940.482	110.910
Consumo	158	1.920.311	7.219
Crédito	1.115	1.439.644	23.291
Educacional	303	98.970	2.874
Especial	7	2.083	6
Habitacional	314	104.908	2.472
Infra-estrutura	172	575.256	5.500
Mineral	34	48.830	35
Produção	113	9.559	315
Saúde	878	2601.871	23.267
Trabalho	2.024	311.856	4.036
Turismo e lazer	12	396	2
Transporte	706	48.552	2.099
Total	7.355	5.762.718	182.026

Fonte: OCB – Posição em dezembro/2003 (www.ocb.org.br).

Tão grandes quanto a representatividade do sistema cooperativista no Brasil são os seus desafios, para sobreviver no novo ambiente competitivo e manter-se fiel ao cumprimento de seus princípios doutrinários. O sistema cooperativista agroindustrial, por exemplo, caracteriza-se pela associação de um grupo de – normalmente pequenos – produtores rurais, em geral com uma base cultural comum e voltados para algumas atividades específicas, que se reúnem sob um arcabouço organizacional e institucional próprio, a cooperativa singular. Com algumas vantagens fiscais e doutrina própria, o modelo é amplamente utilizado na atividade agrícola ocidental. Com freqüência, reagrupa-se nas chamadas cooperativas centrais – uma cooperativa de cooperativas –, em um processo piramidal voltado especialmente para ganhos de escala e de poder perante fornecedores e clientes.

Quadro 6.1 – Os princípios cooperativistas

Estes princípios são as linhas doutrinárias orientadoras para as ações práticas das cooperativas.

1. **Adesão voluntária e livre** – As cooperativas são organizações voluntárias, abertas a todas as pessoas aptas a utilizar os seus serviços e assumir as responsabilidades como membros, sem discriminações de sexo, sociais, raciais, políticas e religiosas.

2. **Gestão democrática e livre** – As cooperativas são organizações democráticas, controladas por seus membros, que participam ativamente na formulação das suas políticas e na tomada de decisões. Os homens e as mulheres eleitos como representantes dos demais membros são responsáveis perante estes. Nas cooperativas de primeiro grau, os membros têm igual direito de voto (um membro, um voto); as cooperativas de grau superior são também organizadas de maneira democrática.

(cont.)

Quadro 6.1 – Os princípios cooperativistas (continuação)

---

3. **Participação econômica dos membros** – Os membros contribuem eqüitativamente para o capital das suas cooperativas e controlam-no democraticamente. Parte desse capital é, normalmente, propriedade comum da cooperativa. Os membros recebem, habitualmente – se houver – uma remuneração limitada ao capital integralizado, como condição de sua adesão. Os membros destinam os excedentes a uma ou mais das seguintes finalidades:

   – desenvolvimento das suas cooperativas, eventualmente por meio da criação de reservas, parte das quais, pelo menos, será indivisível;
   – benefícios aos membros na proporção das suas transações com a cooperativa;
   – apoio a outras atividades aprovadas pelos membros.

4. **Autonomia e independência** – As cooperativas são organizações autônomas, de ajuda mútua, controladas por seus membros. Se firmarem acordos com outras organizações, incluindo instituições públicas, ou recorrerem a capital externo, devem fazê-lo em condições que assegurem o controle democrático pelos seus membros e mantenham a autonomia da cooperativa.

5. **Educação, formação e informação** – As cooperativas promovem a educação e a formação dos seus membros, dos representantes eleitos e dos trabalhadores, de forma que eles possam contribuir, eficazmente, para o desenvolvimento das suas cooperativas. Informam o público em geral, particularmente os jovens e os líderes de opinião, sobre a natureza e as vantagens da cooperação.

6. **Intercooperação** – As cooperativas servem de forma mais eficaz os seus membros e dão mais força ao movimento cooperativo, trabalhando em conjunto, através das estruturas locais, regionais, nacionais e internacionais.

7. **Interesse pela comunidade** – As cooperativas trabalham para o desenvolvimento sustentado das suas comunidades por meio de políticas aprovadas pelos membros.

Fonte: Organização das Cooperativas do Brasil – OCB.

A Governança em Associações de Interesse Privado

Nessa categoria podem ser listadas as organizações que atuam no sentido de defender interesses coletivos de grupos específicos na sociedade. Por exemplo, as associações de produtores, fornecedores, entre outros, de naturezas tão diversas quanto organizações sindicais e patronais (como Abiove, Anfavea, Abimaq, Abia, Abic, Crea, Creci, Fiesp, Febraban, CUT, Força Sindical etc.).

As associações de interesse privado (AIP) assumem um papel de maior destaque na agenda de investigação de pesquisadores brasileiros, especialmente pelas condições decorrentes do processo de democratização e desregulamentação econômica a partir do final da década de 1980, passando a ter maior representatividade como atores da sociedade civil organizada.

Certas organizações formadas podem ultrapassar a simples representação de um segmento específico, passando a apoiar interesses comuns de diversos segmentos de um determinado setor. Outras organizações têm um papel mais difuso e complexo, como é o caso daquelas que representam, em tese, todos os segmentos de todos os sistemas produtivos. Portanto, as organizações podem focalizar um segmento da cadeia ou, em outros casos, focalizar todo o conjunto de *agentes* verticalmente relacionados.

Todas essas organizações têm em comum um conjunto de objetivos: de servir de interlocutores tanto com o governo como com outras organizações e a sociedade em geral. Realizam também um papel de pressionar o estabelecimento das regras do jogo, ou seja, do ambiente institucional, realizando a atividade de *lobby*. Em comparação com a primeira, a segunda atividade representa um processo mais longo e demorado, uma vez que vai afetar o próprio aparato institucional do país. As atividades de busca de margens, por outro lado, representam as ações do dia-a-dia das organizações, e são aquelas nas quais os conflitos com as outras organizações atuantes no sistema irão expressar-se.

Além desses papéis tradicionais, crescentemente as associações passam a representar uma instância para dirimir disputas entre *agentes*, mediando conflitos, ou mesmo, em casos específicos, cumprem o papel de monitorar as ações de seus membros, a partir da delegação por órgãos competentes. Esses novos papéis implicam, por vezes, mudanças organizacionais importantes nas associações, para que possam lidar com a nova complexidade de funções.

Dentre as mudanças que vêm ocorrendo no ambiente que cerca as empresas brasileiras, duas merecem maior destaque:

- Mudanças no papel do *Estado.*
- Mudanças no ambiente competitivo das *corporações.*

Tais modificações requerem uma profunda reorientação das relações entre as empresas e os seus órgãos de representação, em função da maior necessidade de alocação eficiente do tempo dos executivos na participação com essas organizações. Ou seja, as empresas passam a selecionar aquelas organizações que melhor representem os seus interesses e que possam trazer efetivos benefícios que justifiquem a sua participação.

Com isso, as necessidades surgidas com o novo ambiente institucional e competitivo passarão a moldar o perfil das organizações de interesse privado, em muitos casos redefinindo suas missões e seus objetivos. Essas organizações representativas sobreviverão em função da sua capacidade de representar o grupo de associados e de encontrar respostas para as suas demandas de curto e de longo prazos. Por outro lado, elas apenas podem atuar na medida da participação e motivação dos seus membros. A existência de órgãos de representação concorrentes cria uma disputa potencial pelos recursos humanos e financeiros das empresas, que desejam usá-los com a maior eficiência possível.

A partir do quadro delineado, cabe perguntar: como as organizações estão sendo afetadas pelas mudanças no ambiente empresarial e no próprio Estado e como elas devem passar a operar na defesa de interesses de seus membros?

As associações deverão agir de acordo com a homogeneidade do perfil das empresas associadas que representam. Aquelas que representam grupos de empresas com interesses comuns tendem a operar com uma missão mais bem definida do que as organizações representativas de segmentos heterogêneos. Em tal situação, o papel da organização representativa setorial pode ter outra dimensão em relação à que atua como órgão representativo de um segmento específico. Trata-se de um caso de organização que envolve atores com interesses comuns e também com conflitos de interesse, servindo, pois, quando bem-sucedida, como uma possível instância para dirimir disputas.

O interesse em criar uma organização de intersegmentos está no fato de que a negociação de conflitos pode resultar na melhoria da competitividade de todo o sistema em questão. Além disso, a representação ganha poder de negociação em esferas exteriores ao sistema como um todo e é capaz, adicionalmente, de desenvolver ações que resultem em maiores ganhos para todos os *agentes* envolvidos.

A adoção de uma posição sistêmica pode levar a organização a um posicionamento estratégico definido, atuando como *agente* negociador com outras organizações de segmentos relacionados. Cabe destacar que, em um ambiente econômico mutável, a capacidade de adaptação das empresas não raro depende das adaptações a serem negociadas envolvendo todo o sistema.

Podem existir três tipos de ações que caracterizam estratégias distintas para tais organizações. Uma tipologia básica para a classificação de ações, de acordo com o grau de conflito envolvido, foi proposta por Zylbersztajn:[1]

a) Ações que beneficiam a todos os participantes ou atores

Tais casos não trazem implicações maiores, uma vez que não existem conflitos a serem administrados, não sendo difícil uma aglutinação de atores de diferentes segmentos em torno da ação proposta.

b) Ações que beneficiam parte do grupo, mas que não interferem nos demais

Nesses casos, cabe o mesmo comentário feito no caso primeiro. No entanto, a iniciativa e a ação partem basicamente daqueles atores interessados, não devendo haver objeções de participantes não atingidos.

c) Ações que beneficiam parte do grupo em detrimento dos demais

Nesse caso, o conflito pode se estabelecer por diferenças de interesses entre grupos distintos. Em muitas situações, o crescimento e a heterogeneidade na composição das associações leva a impasses insolúveis, pois ações podem privilegiar um subgrupo em detrimento de outros. No limite, a ruptura é inevitável.

---

[1] Essa tipologia de ações foi proposta em trabalho inicial desenvolvido por Zylbersztajn e Machado Filho (1997).

Quadro 6.2 – Gestão estratégica e governança: um modelo prático para implementação em organizações cooperativas e associações

Este exemplo apresenta um modelo prático para aplicação de um processo de gestão estratégica em cooperativas, associações e organizações de terceiro setor. O modelo busca ao máximo o alinhamento e a convergência de interesses, propiciando um mecanismo prático de incentivo e monitoramento da gestão na condução das estratégias básicas definidas pela organização. Na essência, constitui-se uma ferramenta de governança na gestão de projetos estratégicos definidos pelas organizações.

A metodologia de gestão estratégica proposta foi utilizada em diferentes tipos de organização pela equipe de pesquisadores do programa Pensa (Centro de Conhecimento em Agronegócios), ligado à Fundação Instituto de Administração (FIA), coordenado pelo professor Decio Zylbersztajn, da FEA/USP. A adaptação e a aplicabilidade desse modelo nas organizações deveram-se ao trabalho essencial do executivo Roberto Silva Waack, colaborador do Pensa.

Há que se fazer uma distinção entre os modelos de planejamento estratégico e gestão estratégica. No primeiro caso, tal prática difundiu-se nas décadas de 1970 e 1980, com aplicações por parte de grandes consultorias internacionais (Boston Consulting Group, McKinsey, entre outras). Os planos estratégicos, entretanto, tornavam-se logo obsoletos, uma vez que, dada a rapidez com que as mudanças no contexto externo evoluíam, as empresas não conseguiam permanecer na estrutura rígida e "engessada" dos planos, que em geral definiam metas e ações por cinco, dez anos. Dessa forma, gradativamente a metodologia de planejamento estratégico perdeu força.

Mais recentemente, a partir do final dos anos 1980 e 1990, passou-se a utilizar um método distinto de planejamento estratégico, a chamada gestão estratégica. Na prática, a administração estratégica consiste na repetição cíclica de vários planejamentos estratégicos, aplicados no dia-a-dia da empresa, sendo muito mais um método de gestão do que efetivamente um plano acabado e estruturado. Assim, o planejamento inicial passa a ser revisto em ciclos periódicos, com a repetição de todo o procedimento de acordo com as necessidades apontadas pelos contextos interno e externo.

(cont.)

Quadro 6.2 – Gestão estratégica e governança: um modelo prático para implementação em organizações cooperativas e associações (continuação)

No decorrer dos ciclos, a organização passa a assimilar todo o procedimento metodológico, além da mudança cultural na gestão da organização. A implementação do processo serve como uma ferramenta de governança, oferecendo ao conselho – de cooperados, associados ou instituidores – o acompanhamento sistematizado das estratégias adotados pela organização. É um potencial redutor de assimetrias informacionais entre gestores e *principais*.

A gestão estratégica em cooperativas

Os eixos estratégicos devem ser desenvolvidos visando ao alinhamento estratégico de longo prazo entre gestores e cooperados ou associados das cooperativas e associações.

As principais barreiras à implementação de processos de gestão estratégica em cooperativas e associações são:

- Deficiência no processo de tomada de decisão, freqüentemente influenciada por questões políticas.
- Deficiências na liderança do processo de gestão estratégica, em geral fortemente polarizada, impermeável e insensível à moderna gestão, ou fraca demais, com dificuldades de vencer a heterogeneidade de demandas de cooperados e associados, hesitante e ineficaz na implementação de decisões.
- Em geral, a falta de profissionalismo na gestão em todas as áreas, com especial ênfase na capacidade de análise técnico-econômica de projetos (com visão sistêmica) e marketing.
- Estruturas organizacionais pesadas.
- Pouco envolvimento de várias instâncias decisórias críticas para implementação de ações de peso.
- Sistemas de controle inadequados para acompanhamento do andamento de projetos.
- Limitação de recursos.

(cont.)

Quadro 6.2 – Gestão estratégica e governança: um modelo prático para implementação em organizações cooperativas e associações (continuação)

> Em particular, nas cooperativas há sérios problemas relacionados à cultura e aos aspectos doutrinários a serem superados. Não se pode esperar por mudanças radicais. O ambiente é tipicamente conservador e pode ter dificuldades em aceitar instrumentos de gestão mais complexos, como a administração estratégica.
>
> Entretanto, a dinâmica do ambiente competitivo tende a pressionar as cooperativas a se adequarem, tanto com relação à sua estruturação organizacional quanto à formulação de estratégias de negócios, sob pena de perderem espaço no mercado.
>
> **O processo e as etapas de gestão estratégica**
>
> A partir de uma abordagem clássica de planejamento estratégico, com as análises internas e externas realizadas em uma perspectiva dinâmica do tempo – fatos históricos, situação presente e visão prospectiva de futuro –, são enfocados os eixos básicos, considerados essenciais para o desenvolvimento da organização cooperativa – marketing, finanças, recursos humanos e produção, tecnologia, entre outros. A gestão estratégica vale, como processo, para melhoria do alinhamento de interesses e incremento da percepção dos ambientes (interno e externo), redirecionamentos estratégicos, redesenho de estruturas organizacionais e melhoria no processo de tomada de decisões. Além disso, os planos elaborados podem ser alterados ou adaptados, conforme as contingências do ambiente. No entanto, e isto é essencial, ela não oferece soluções mágicas. É um processo que não sobrevive por inércia, exigindo grande esforço e envolvimento para sua implementação e manutenção.
>
> Em síntese, procura-se analisar o ambiente institucional que condiciona a conduta das organizações, destacando os principais aspectos que possam ter relevância para a atuação dos *agentes* – legislações, normas, regulamentações, aspectos culturais, entre outros. Com tais

(cont.)

Quadro 6.2 – Gestão estratégica e governança: um modelo prático para implementação em organizações cooperativas e associações (continuação)

---

enfoques, aprofundam-se as bases conceituais para a aplicação do ferramental de análise PFOA (pontos fortes, fracos, oportunidades e ameaças).

Como decorrência surgem *hipóteses estratégicas* envolvendo a estruturação organizacional, estratégias de negócios – diversificação, verticalização, alianças estratégicas, fusões etc. –, estratégias de marketing, finanças, recursos humanos e produção. A partir das análises realizadas, a metodologia passa por um processo intenso de *consolidação* e *priorização* das estratégias selecionadas, confluindo para decisões relativas a estrutura organizacional, governança e processo de tomada de decisões.

Fase de entendimento

Essa etapa consiste na realização de um *workshop* com lideranças e gestores da organização. Nesse *workshop* são discutidas as principais diretrizes estratégicas envolvendo a análise das principais variáveis externas e internas que afetam as atividades-foco da cooperativa ou associação. Também é quando se desenvolve uma dinâmica de integração de caráter comportamental, visando a sensibilização e a mobilização dos *agentes* com relação ao processo de gestão estratégica. O desenho do *workshop* deve ser detalhado a partir das entrevistas a serem realizadas, envolvendo dinâmicas de grupo e sessões plenárias. Esse *workshop* traz como resultado um conjunto de hipóteses estratégicas que poderão ser futuros projetos priorizados.

Fase de visualização

Consiste em um segundo *workshop* para a visualização das principais tendências que poderão afetar o desempenho futuro da organização. Esse *workshop* também traz como resultado um conjunto de hipóteses estratégicas que poderão ser futuros projetos priorizados.

(cont.)

Quadro 6.2 – Gestão estratégica e governança: um modelo prático para implementação em organizações cooperativas e associações (continuação)

Fase de direcionamento

Esta etapa consiste em um terceiro *workshop* para priorização de projetos, a partir das hipóteses estratégicas geradas nos dois primeiros *workshops*. A priorização acontece com base na urgência e na gravidade das ações levantadas nas etapas anteriores.

Fase de implementação

É quando se definem os coordenadores dos projetos priorizados e é composto um comitê gestor que fará o acompanhamento sistemático da implementação dos projetos. A dinâmica de ação do comitê gestor consiste de reuniões mensais para o acompanhamento dos projetos em fase de implementação. Esse comitê deverá ser formado por membros do conselho dos cooperados ou associados, e alguns membros da alta direção da organização. Essa etapa permite o acompanhamento sistematizado do processo de gestão estratégica na organização, servindo como ferramenta de alinhamento, para (re)ratificação, implementação e monitoramento.

Essas fases do processo de gestão estratégica podem ser desenvolvidas para qualquer tipo de organização: com ou sem fins lucrativos (organizações de terceiro setor, cooperativas e associações). Deseja-se ressaltar que, dadas as características intrínsecas de cada tipo de organização, o desenvolvimento do processo de gestão estratégica impõe desafios distintos. As cooperativas, pelas suas peculiaridades, em geral têm um processo de tomada de decisão sujeito a potenciais desalinhamentos de interesses entre gestores e cooperados. Exatamente por esses aspectos, o processo de gestão estratégica é mais necessário ao propiciar a sistematização do processo de decisão, minimizando conflitos de interesses em torno de uma agenda estratégica compartilhada. No caso das cooperativas, o conjunto dos principais eixos estratégicos relevantes, dada a sua estrutura organizacional, pode ser resumido nos seguintes parâmetros:

(cont.)

Quadro 6.2 – Gestão estratégica e governança: um modelo prático para implementação em organizações cooperativas e associações (continuação)

- Focalização em negócios estratégicos.
- Aumento de eficiência e otimização de margens nas cadeias em que atuam.
- Aumento da eficácia dos modelos de gestão.
- Profissionalização e equacionamento do processo sucessório.
- Otimização do processo de tomada de decisão.
- Equacionamento da relação com cooperados.
- Otimização das estruturas administrativas.
- Fortalecimento da capacidade em lidar com o mercado.
- Otimização da estrutura de capital.
- Reestruturação de passivos e aumento da eficiência em capitalização e captação de recursos.

Resumo do Capítulo

As associações de interesse privado e cooperativas são organizações que podem, no limite, enquadrar-se no conceito de terceiro setor, por suas características de ação coletiva na defesa do interesse de seus componentes (cooperados e associados). As suas características intrínsecas apresentam desafios importantes de governança, para oferecer a seus membros mecanismos de controle para que a condução da organização esteja alinhada com os objetivos coletivos. Os riscos de que a gestão se torne "um fim em si mesmo" nesses tipos de organizações não são desprezíveis.

Como conseqüência, o conselho ganha ainda mais importância devido à fragilidade das outras formas de monitoramento das atividades de tais organizações. No entanto, a participação do conselho como ferramenta de controle, em tese, é menos efetivo do que nas empresas. Tende a ser menor a motivação de seus membros para monitorar os resultados da organização, uma vez que sua composição dificilmente leva em conta a capacitação técnica e a representação dos *stakeholders*. Adicionalmente, problemas de controle interno se refletem nos conselhos, já que poucos deles são atuantes fora de momentos de crise.

As organizações cooperativas exercem um papel importante na busca por melhoria de condições de competitividade de seus cooperados. Nesse aspecto, a cooperativa é uma forma de ação coletiva. As associações, da mesma forma, são organizações que fazem parte da sociedade civil organizada, em um ambiente democrático, e que exercem um papel importante na interlocução com o Estado.

No caso das cooperativas, na agenda de debates atual, está a preocupação com os mecanismos de governança em um ambiente cada vez mais dinâmico e profissionalizado, demandando transparência e praticidade. Há vários desafios, um dos quais se relaciona à dificuldade que cooperativas têm em atrair investidores e parceiros. Poucas organizações estão dispostas a participar de negócios em que o processo decisório não seja ágil e transparente. No caso das associações, algumas questões chamam a atenção: Quais os parâmetros que podem ser utilizados para monitorar a eficácia das ações de uma associação de interesse privado? Qual o papel dos mecanismos de governança diante dessas demandas?

Assim como nas empresas, os mecanismos de governança têm impacto nos resultados efetivos das associações e, nestas, os *principais* (associados) não têm direitos residuais com base no percentual de participação das ações ou cotas que possuem. O gestor tem um considerável poder discricionário, já que pode, em muitos casos, realocar os recursos com maior liberdade, inclusive visando o seu próprio benefício.

Outro problema é possível decorrer da própria heterogeneidade na composição da associação. Nesse aspecto, podem ocorrer problemas de desalinhamento entre os próprios *principais*, com distintos interesses. Cada *principal* precisa desenvolver formas diferentes de controle e monitoramento dos recursos a fim de evitar sua expropriação pelo *agente*. No entanto, permanece a dificuldade em avaliar a eficiência do gestor, principalmente pela falta de informações claras e de conhecimento específico, já que a avaliação dos resultados é, em grande parte, intangível, e são raros os indicadores que possibilitam a comparação com outras organizações. As associações de interesse privado possuem características idiossincráticas, sendo difícil a parametrização de indicadores de eficiência, pelas especificidades próprias de cada organização.

Referências Bibliográficas

AKERLOF, G. A. The market for lemons: quality, uncertainty and the market mechanism. *Quartely Jornal of Economics*, S.l., p. 488-500, ago. 1970.

ALSO, R. Reputação das empresas tem vida longa, para o bem ou para o mal. The Wall Street Journal of Americas. *O Estado de S.Paulo*, B13, 24 set. 1999.

ANDRADE, A.; ROSSETI, J. P. *Governança corporativa*. São Paulo: Atlas, 2004.

ANDRIOF, J.; McINTOSH, M. *Perspectives on corporate citizenship*. Reino Unido: Warwick Business School, 2001.

AOKI, M. *The co-operative game theory of the firm*. Nova York: Oxford University Press, 1984.

ARRUDA, M. C. C. de. *Código de ética*. São Paulo: Negócio, 2002.

ASHLEY, P. (coord.). *Ética e responsabilidade social nos negócios*. São Paulo: Saraiva, 2002.

ASSOCIAÇÃO BRASILEIRA DOS ANALISTAS DE MERCADO DE CAPITAIS (ABAMEC). Disponível em: <http://www.abamec.com.br>. Acessado em 10 dez. 2001.

BANCO NACIONAL DO DESENVOLVIMENTO ECONÔMICO E SOCIAL (BNDES). Empresas, responsabilidade corporativa e investimento social: uma abordagem introdutória. *Relatório Setorial 1*, Rio de Janeiro, AS/GESET, mar. 2000.

BECHT, M.; BOLTON, P.; ROELL, A. Corporate governance and control. *NBER Working Paper Series*, 2002. Disponível em: <http//www.nber.org/paper.ssrn9371>. Acessado em 16 out. 2005.

BEEKUN, R.; STEDHAM, Y.; YAMAMURA, J. H. Business ethics in Brazil and the U.S.: egoism and utilitarianism. Social Science Research Network Eletronic Library. *Working Paper Series*. Disponível em: <http://paper.ssrn.com/paper.taf/abstract_id=272036>. Acessado em 18 jun. 2001.

BERLE, A.; MEANS, G. *The modern corporation and private property*. Nova York: McMillan, 1932.

BESANKO, D. et al. *Economics of strategy*. Nova York: John Wiley & Sons, 2000.

BIALOSKORSKI NETO, S. Agribusiness Cooperativo. In: ZYLBERSZTAJN, D.; NEVES, M. F. *Economia & Gestão dos Negócios Agroalimentares*. São Paulo: Thomson, 2000.

BORGER, F. G. *Responsabilidade social*: efeitos da atuação social na dinâmica empresarial. São Paulo: 2001. Tese (Doutorado em Administração) – Faculdade de Economia, Administração e Contabilidade – Universidade de São Paulo.

BRICKLEY, J.; SMITH JR., C.; ZIMMERMAN, J. L. Business ethics and organizational architecture. *Social Science Research Network Eletronic Paper Collection*. nov. 2000. Disponível em: <http://paper.ssrn.com/paper.taf?abstract_id=250947>. Acessado em 16 dez. 2000.

BUSINESS SOCIAL RESPONSIBILITY (BSR). *Social Responsibility*. S.l. Disponível em: <http://www.bsr.org>. Acessado em 14 mar. 2001.

CARDOSO, R. *Cidadania empresarial*: o desafio da responsabilidade. *Update BR/EUA*, Amcham, n. 363, p. 115-20, ago. 2000.

CARROLL, A. A three-dimensional conceptual model of corporate performance. *Academy of Management Review*, n. 4, p. 497-505, 1979.

_____. Corporate social responsibility. *Business and Society*, v. 28, set. 1999.

CENTRO DE EMPREENDEDORISMO SOCIAL E ADMINISTRAÇÃO DO TERCEIRO SETOR (CEATS). Relatório preliminar de pesquisa intitulado *Alianças estratégicas intersetoriais para atuação social*. Apresentado à Faculdade de Economia, Administração e Contabilidade da Universidade de São Paulo. São Paulo, 13 dez. 2001.

CERTO, S.; PETER, J. P. *Administração estratégica*. São Paulo: Makron Books, 1993.

CHAUVIN, K. W.; JAMES, G. Labor market reputation and the value of the firm. *Managerial and Decision Economics*, v. 15, p. 543-52, 1994.

CHAUVIN, K. W.; HIRSCHEY, M. Godwill, profitability and market value of the firm. *Journal of Accounting and Public Policy*, v. 13, p. 159-80, 1994.

CHIANCA, T. *Desenvolvendo a cultura de avaliação em organizações da sociedade civil*. São Paulo: Global, 2001.

COASE, R. H. *The nature of the firm*. Oxford, UK: Economica, v. 4, p. 386-405, 1937.

COELHO, S. C. T. *Terceiro setor*: um estudo comparado entre Brasil e Estados Unidos. São Paulo: Senac, 2000.

COHEN, E. *Avaliação de projetos sociais*. Petrópolis: Vozes, 1994.

CORNING, B. Great reputations. *Accountancy*, v. 123, p. 38-9, mar. 1999.

DE LUCA, M. *Demonstração do valor adicionado*: do cálculo da riqueza criada pela empresa ao valor do PIB. São Paulo: Atlas, 1998.

DEMSETZ H.; LEHN, K. The structure of corporate ownership: causes and consequences. *Journal of Political Economy*, Chicago, 1985.

DIENHART, J. W. *Business, institutions and ethics*. Nova York: Oxford University Press, 2000.

FAMA, E. F.; JENSEN, M. Agency problems and residual claims. *Journal of Law and Economics*, Chicago, v. 26, jun. 1983a.

_____. Separation of ownership and control. *Journal of Law and Economics*, Chicago, v. 26, jun. 1983b.

FERNANDES, R. C. *Privado, porém público*: o terceiro setor na América Latina. Rio de Janeiro: Relume-Dumará, 1994.

FISCHER, R. M. *O desafio da colaboração*. São Paulo: Gente, 2002.

FISCHER, R. M.; FALCONER, A. P. Estratégias de empresas no Brasil: atuação social e voluntariado. *Relatório de estudo do Centro de Empreendedorismo Social e Administração em terceiro setor da USP (Ceats)*, 1999.

FISCHER, R. M.; FALCONER, A. P. *Desafios da parceria governo-terceiro setor.* In: *Encontro da Rede de Pesquisas sobre Terceiro Setor na América Latina e Caribe,* 1. ISTR, Rio de Janeiro, 1998. Disponível em: <http://www.rits.org.br>. Acessado em 7 abr. 2000.

FOMBRUN, C. *Reputation*: realizing value from the corporate image. Boston: HBS Press, 1996.

FOMBRUN, C. et al. Opportunity platforms and safety nets: corporate citizenship and reputational risk. *Business and Society Review,* Malden, MA: Blackwell Publishers, v. 105, n. 1, p. 85-106, 2000.

FORTUNE. *World's Most Admired Companies.* Suíça, edição européia, v. 145, 11 mar. 2002.

FRANCESCO, A. M.; GOLD, B. A. *International organizational behaviour.* Nova Jersey: Prentice Hall, 1998.

FREEMAN, E. The politics of stakeholder theory: some future directions. *Business Ethics Quarterly,* v. 4, p. 409-22, 1994.

_____. A stakeholder theory of the modern corporation. In: DIENHART, J. W. *Business, institutions and ethics.* Nova York: Oxford University Press, 2000.

FRIEDMAN, M. *Capitalism and freedom.* Chicago: University of Chicago Press, 1962.

_____. The social responsibility of business is increase its profits. *New York Times Magazine,* Nova York, 13 set. 1970.

FRUMKIN, P.; KEATING, E. K. The price of doing good: executive compensation in nonprofit organizations. The Hauser Center for Nonprofit Organizations. *Working Paper,* n. 8, p. 1-38, out. 2001.

FUNDAÇÃO ORSA (Brasil). Era uma vez um sonho. *Relatório,* São Paulo, 2001.

GARBETT, T. *How to build a corporation's identity and project its image.* S.l.: Lexington Books, 1988.

GIANETTI DA FONSECA, E. *Vícios públicos, benefícios privados.* São Paulo: Companhia das Letras, 1994.

GIBSON, K. The moral basis of stakeholder theory. *Journal of Business Ethics*, Netherlands: Kluwer Academic Publishers, n. 26, p. 245-57, 2000.

GLAESER, E. L. *The governance of not for profit firms*. Massachussets, MA: Harvard University/NBER, 2001.

GOODPASTER, K. E. Business ethics and stakeholder analysis. *Business Ethics Quarterly*, n. 1, p. 53-73, 1991.

GRAY, E. R.; BALMER, J. M. T. Managing corporate image and corporate reputation. *Long Range Planning*. S.l.: p. 695-702, out. 1998.

GROENEWEGEN, J. Who should control the firm? Insights from new and original Institutional Economics. *Journal of Economic Issues*, v. 38, n. 2, jun. 2004.

GRUPO ORSA (Brasil). *Relatório Anual*. São Paulo, 2003/2004.

HANKA, G. Does Wall Street want firms to harm their neighbors and employees? In: JONES, K.; RUBIN, P. H. Effects of harmful environmental events on reputation firms (working paper). *Social Science Research Network Eletronic Library*, abr. 1999. Disponível em: <http://papers.ssrn.com.taf?abstract_id=158849>. Acessado em 3 set. 1999.

HARTMANN, L. *Technology and ethics*: privacy in the workplace. Bentley College: Center for Business Ethics, 2000.

HERRERO, G.; CRUZ, N.; MERINO, E. *The non residual claim problem in non profit organizations*. International Society for New Institutional Economics, 6th Annual Conference, Cambridge, MA, 2002.

HOFSTEDE, G. Culture's consequences: international differences in work-related values. In: BEEKUN, R.; STEDHAM, Y.; YAMAMURA, J. H. Business ethics in Brazil and the U.S.: egoism and utilitarianism. *Social Science Research Network Electronic Library*. S.l.: Working paper series, jun. 2001. Disponível em: <http://papers.ssrn.com/paper.taf?abstract_id=272036>. Acessado em 18 jun. 2001.

INSTITUTO BRASILEIRO DE GOVERNANÇA CORPORATIVA (IBGC). Disponível em: <http://www.ibgc.org.br>. Acessado em 10 nov. 2004.

INSTITUTO ETHOS. *Relatório de pesquisa Ethos/valor*. Elaborado pela Indicator Opinião Pública. Disponível em: <http://www.ethos.org.br>. Acessado em 13 mar. 2001.

INSTITUTO ETHOS. *Guia de elaboração de relatório e balanço anual de responsabilidade social empresarial*. São Paulo: Instituto Ethos, versão 2001.

JARI (Brasil). *Relatório anual*. São Paulo, 2004.

JENSEN, M. Value maximization, stakeholder theory and the corporate objective function. Boston: Harvard Business School. *Working Paper* 00-058, abr. 2000.

JENSEN, M.; MECKLING, W. Theory of the firm: managerial behavior, agency costs and ownership structure. *Journal of Finance Economics*, n. 3, p. 305-60, 1976.

JONES, K.; RUBIN, P. H. Effects of harmful environmental events on reputation firms (working paper). *Social Science Research Network Electronic Library*, abr. 1999. Disponível em: <http://paper.ssrn.com.taf?abstract_id=158849>. Acessado em 3 set. 1999.

JONES, M. Instrumental stakeholder theory: a synthesis of ethics and economics. *Academy of Management Review*, S.l., v. 20, p. 404-37, 1995.

_____. The institutional determinants of social responsibility. *Journal of Business Ethics*, Netherlands: Kluwer Academic Publishers, v. 20, p. 163-79, 1999.

JONES, R.; MURRELL, A. Signaling positive corporate social performance. *Business & Society*, Sage Publications, v. 40, n. 1, p. 59-78, mar. 2001.

KOEHN, D. Ethical challenges confronting business today. In: International Symposium on Ethics, Business and Society, 11. Barcelona: IESE, 2001.

KREPS, D. M. Corporate culture and economic theory. In: WILLIAMSON, O. *The mechanisms of governance*. Nova York: Oxford University Press, 1996.

LINS, C. *A jari e a Amazônia*. Almeirim/PA: Dataforma, 1997.

MACHADO FILHO, C. A. P. *Responsabilidade social corporativa e a criação de valor para as organizações*: um estudo multicasos. São Paulo, 2002. Tese (Doutorado) – Faculdade de Economia, Administração e Contabilidade da Universidade de São Paulo, 2002.

MACHADO FILHO, C. A. P.; ZYLBERSZTAJN, D. A fundação de uma empresa social. *Revista Case Studies*, n. 15, maio/jun. 1999.

MACHADO FILHO, C. A. P.; ZYLBERSZTAJN, D. A empresa socialmente responsável: o debate e as implicações. *RAUSP*, v. 39, n. 3, p. 242-54, jul./set. 2004.

MAIGNAN, I. Consumer's perceptions of corporate social responsibilities: a cross-cultural comparison. *Journal of Business Ethics*, Netherlands: Kluwer Academic Publishers, v. 30, p. 57-72, 2001.

MARENS, R.; WICKS, A. Getting real: stakeholder theory, managerial practice, and the general irrelevance of fiduciary duties owed to shareholders. In: DIENHART, J. W. *Business, institutions and ethics*. Nova York: Oxford University Press, 2000.

MCWILLIAMS, A.; SIEGEL, D. Corporate social responsibility: a theory of firm perspective. *Academy of Management Review*, v. 26, n. 1, p. 117-27, 2001.

MEIO CIRCULANTE. Banco Real/ABN Amro lança o primeiro fundo ético no Brasil. *Boletim do Projeto Ecofinanças de Amigos da Terra*, São Paulo, ano 2, n. 5, p. 2, dez. 2001/jan. 2002.

_____. Corporate governance: por que se fala tanto no assunto? *Boletim do Projeto Ecofinanças de Amigos da Terra*, São Paulo, ano 2, n. 5, p. 4, dez. 2001/jan. 2002.

MENDONÇA, L. R.; MACHADO FILHO, C. A. P. Governança corporativa nas organizações do terceiro setor: considerações teóricas. *RAUSP*, v. 39, n. 4, p. 302-8, out./dez. 2004.

MILES, M.; COVIN, J. Environmental marketing: a source of reputational, competitive and financial advantage. *Journal of Business Ethics*, Netherlands: Kluwer Academic Publishers, n. 23, p. 299-311, 2000.

MILGROM, P.; ROBERTS, J. *Economics, organization and management*. Nova Jersey: Prentice Hall, 1992.

MISORELLI, C. L. *Governança corporativa nas organizações sem fins lucrativos*. São Paulo, 2003. Trabalho de Conclusão de Curso (Graduação em Administração) – Faculdade de Economia, Administração e Contabilidade – Universidade de São Paulo.

MONACO, D. *Estudo da composição dos conselhos de administração e instrumentos de controle das S. A. no Brasil*. São Paulo, 2000. Dissertação (Mestrado) – Faculdade de Economia, Administração e Contabilidade da Universidade de São Paulo.

NESTLÉ (Brasil). Relatório: *Conhecendo os alimentos*. Roteiro pedagógico do programa nutrir. São Paulo, 2001.

NESTLÉ (Brasil). Relatório: *Princípios Nestlé de gestão empresarial*. São Paulo, 2004.

NORTH, D. C. *Institutions, institutional change and economic performance*. Cambridge: Cambridge University Press, 1990.

_____. *Custos de transação, instituições e desempenho econômico*. São Paulo: Instituto Liberal, 1994, p. 38.

OKIMURA, R. T. *Estrutura de propriedade, governança corporativa, valor e desempenho das empresas no Brasil*. São Paulo, 2003. Dissertação (Mestrado) – Faculdade de Economia, Administração e Contabilidade da Universidade de São Paulo.

OSTAS, D. Deconstructing corporate social responsibility: insights from legal and economic theory. *American Business Law Journal*, v. 38, p. 261-99, 2001.

PAINE, L. S. Managing for organizational integrity. In: DIENHART, J. W. *Business, institutions and ethics*. Nova York: Oxford University Press, 2000.

PERDIGÃO (Brasil). Relatório: *Investindo no ser humano*. São Paulo, 2000/2001.

PERDIGÃO (Brasil). Relatório: *Perdigão hoje*, n. 24. São Paulo, dez. 2000/jan. 2001.

PERDIGÃO (Brasil). *Relatório anual*. São Paulo, 2004.

PETRICK, J. et al. Global leadership skills and reputational capital: intangible resources for sustainable competitive advantage. *Academy of Management Executive*, v. 13, n. 1, p. 58-69, 1999.

PINDYCK, R. S.; RUBINFELD, D. L. *Microeconomia*. São Paulo: Makron Books, 1994.

QUAZI, A. Corporate social responsibility in diverse environments: a comparative study of managerial attitudes in Australia and Bangladesh. *Business & Professional Ethics Journal*, p. 67-84, 1997.

QUAZI, A.; O'BRIEN, D. An empirical test of a cross-national model of corporate social responsibility. *Journal of Business Ethics*, Netherlands: Kluiwer Academic Publishers, v. 25, p. 33-51, 2000.

RIBEIRO, R. J. *Prometeu versus Narciso*: a ética e a clonagem. Pesquisa Fapesp. São Paulo, n. 73, mar. 2002. Suplemento especial.

ROSS, S. A. *The economic theory of agency and the principle of similarity*. Essays on Economic Behavior under Uncertainty. Holanda, 1974.

SADIA (Brasil). *Relatório anual*. São Paulo, 2002/2003.

SADIA (Brasil). *Relatório social*. São Paulo, 2003/2004.

SAFATLE, A. As boas ações: índice formado por papéis de empresas socialmente responsáveis traz ganho maior que o Dow Jones. *Carta Capital*, São Paulo, p. 70, 8 nov. 2000.

SALAMON, L. M.; ANHEIER, H. K. In search of the non-profit sector I: the question of definitions. *Voluntas*, v. 3, n. 2, 1992.

SANTANA, M. G. F. S. *Organizações não-governamentais no Brasil*: um estudo de caso. Salvador, 1992. Dissertação (Mestrado em Administração) – Escola de Administração da Universidade Federal da Bahia.

SEN, A. *Sobre ética e economia*. São Paulo: Companhia das Letras, 1999.

SCHWARTZ, R. A. Corporate philanthropic contributions. *The Journal of Finance*, v. 23, p. 479-97, 1968.

SHAW, W. H. *Business ethics*. Belmont, CA: Wadsworth, 1999.

SHENKAR, O.; YAAR, E. Reputation, image, prestige and goodwill: an interdisciplinary approach to organizational standing. *Human Relations*, v. 50, n. 11, 1997.

SHLEIFER, A.; VISHNY, R. W. A survey of corporate governance. *The Journal of Finance*, v. 52, n. 2, 1997.

SIMON, H. Administrative behavior. Nova York: Macmillan, 1961.

SMITH, N. C. Corporate citizenship and their critics. In: MAIGNAN, I. Consumer's perceptions of corporate social responsibilities: a cross-cultural comparison. *Journal of Business Ethics*, Netherlands: Kluwer Academic Publishers, v. 30, p. 57-72, 2001.

SPENCE, M.; ZECKHAUSER, R. Insurance, information and individual action. *American Economic Review*, v. 61, n. 2, p. 380-7, maio 1971.

STEINBERG, H. (org.) *A dimensão humana da governança corporativa*. São Paulo: Gente, 2003, p. 16-53.

STERNBERG, E. The stakeholder concept: a mistaken doctrine. *Issue Paper*, Leeds: Foundation for Business Responsibilities, n. 4, nov. 1999.

TADELIS, S. What's in a name? Reputation as a tradable asset. *The American Economic Review*, p. 548-63, jun. 1999.

TEECE, D. J. Capturing value from knowledge assets: the new economy, markets for know-how and intangible assets. *Californian Management Review*, v. 40, n. 3, 1998.

THE ECONOMIST. The good company. A survey of corporate social responsibility. Encarte, 22 a 28 jan. 2005, p. 3-16.

UNIBANCO (Brasil). Relatório: *Perdigão: socially responsible investing – company profile*, jan. 2001.

VASSALO, C. Um novo modelo de negócios. *Revista Exame*, São Paulo: Abril, n. 728, p. 8-11, 2000.

WAACK, R. S. *Governança corporativa e responsabilidade social*. Palestra ministrada no Instituto Brasileiro de Governança Corporativa, mar. 2004.

WILLIAMS, R. J.; BARRET, D. Corporate philanthropy, criminal activity and firm reputational: is there a link? *Journal of Business Ethics*, Netherlands: Kluwer Academic Publishers, v. 26, p. 341-50, 2000.

WILLIAMSON, O. E. *The economic institutions of capitalism*. Nova York: Free Press, 1985.

_____. Transaction cost economics and organizational theory. *Journal of Industrial and Corporate Change*, v. 2, p. 107-56, 1993.

_____. *The mechanisms of governance*. Nova York: Oxford University Press, 1996.

WINKLEMAN, M. The right stuff. *Chief Executive*, p. 80-1, abr. 1999.

WRIGHT, P.; KROLL, M.; PARNELL, J. *Administração estratégica*. São Paulo: Atlas, 2000.

ZYLBERSZTAJN, D. *Estruturas de governança e coordenação do agribusiness*: uma aplicação da nova economia das instituições. São Paulo, 1985. Tese (Livre-docência) – Faculdade de Economia, Administração e Contabilidade da Universidade de São Paulo.

ZYLBERSZTAJN, D. *A organização ética*: um ensaio sobre as relações entre ambiente econômico e o comportamento das organizações (working paper). São Paulo, 2000a. Texto-base de aula de erudição para obtenção do título de professor titular. Faculdade de Economia, Administração e Contabilidade da Universidade de São Paulo.

_____. Atitude ética para melhorar imagem e lucrar. *Gazeta Mercantil*, São Paulo, p. A3, 30 mar. 2000b.

ZYLBERSZTAJN, D.; MACHADO FILHO, C. A. P. O papel das organizações na coordenação dos sistemas Agroindustriais. Anais do II Semead (Seminários em Administração da FEA/USP), 1997.

ZYLBERSZTAJN, D.; ZUURBIER, P. *A non naive explanation of trust:* avoiding mistaken decisions for agribusiness chain (working paper). São Paulo, FEA/USP, 1999.

ANEXO I

Novas Dimensões da Responsabilidade Social: A Responsabilidade pelo Desenvolvimento

Rosa Maria Fischer[1]

Em 2002, quando Cláudio Pinheiro Machado Filho defendia sua tese de doutorado, baseada nas análises dos casos das empresas Orsa/Jari, Nestlé, Perdigão e Sadia, vínhamos todos, docentes, alunos e pesquisadores da FEA/USP, de um intenso processo de reflexão, debate e produção acadêmica sobre o – assim chamado – fenômeno da Responsabilidade Social Corporativa. Na virada da década de 1980 para 1990, observava-se, no Brasil e em outros países, o engajamento de empresas em atividades de cunho social que passam a ser objeto de ampla divulgação da mídia, assim como da literatura especializada em teoria das organizações complexas e nas ciências administrativas.

A atuação social de empresas não era propriamente um fenômeno novo. A filantropia empresarial tem uma trajetória

---

[1] Professora titular da Faculdade de Economia, Administração e Contabilidade da Universidade de São Paulo, coordenadora do Centro de Empreendedorismo Social e Administração do Terceiro Setor (Ceats).

histórica que pode ser identificada na biografia dos empreendedores,[2] principalmente aqueles que foram pioneiros dos processos de industrialização da economia brasileira. Contudo, esse conceito e suas práticas estavam associados às raízes culturais, religiosas e ideológicas dessas pessoas que encarnavam a liderança de um empreendedorismo nacional,[3] que desponta no país na passagem do século XIX para o século XX.

Os principais atores dessas iniciativas sociais caracterizavam sua motivação com as noções da caridade e do amor ao próximo; e delimitavam a abrangência dessas ações à solução paliativa dos problemas sociais vivenciados por alguns segmentos da população que estavam ao seu alcance. Em geral, mostravam-se discretos no exercício e na divulgação dessa filantropia, justificando que se tratava de decisão do âmbito da vida privada e não estava vinculada à imagem pública da empresa e dos seus dirigentes e proprietários. Alguns analistas identificam nessa discrição a presença de princípios éticos e morais, que levavam a uma clara separação entre o público e o privado e à obediência ao preceito de que "mão esquerda não enxerga o que a mão direita doa". Outros, mais críticos, fazem uma leitura desse comportamento na qual se acentua a dubiedade de uma ética que permite administrar o negócio com políticas e práticas oportunistas, enquanto a vida pessoal e familiar aparenta ser regrada por princípios de generosidade e compaixão.

Pode-se passar ao largo dessas polêmicas porque, neste texto, o resgate desses primórdios da filantropia empresarial no Brasil é feito, exclusivamente, com a intenção de destacar

---

[2] MARCOVITCH, J. *Pioneiros e empreendedores*: a saga do desenvolvimento no Brasil. São Paulo: Edusp, 2003.
[3] SCHINDLER, Anamaria. Empreendedorismo social. Tendências. *Boletim Ashoha*, dez. 2004.

que o tema não é tão recente quanto parece, quando se observa apenas a intensa divulgação das práticas de atuação social realizadas pelo empresariado e pelas empresas. A intensidade do interesse atual pode ser atribuída a alguns fatores:

- os chamados "problemas sociais" tornam-se barreiras para a modernização dos sistemas produtivos, que necessitam superá-los para atingir padrões mais elevados de competitividade;[4]
- o contexto social contemporâneo impõe às organizações um relacionamento equilibrado com múltiplos *stakeholders*, que exigem informações transparentes, valores e princípios efetivamente assumidos pelas organizações e seus dirigentes;
- de forma intencional ou não, as pessoas e organizações responsáveis estão dando mais visibilidade pública às ações sociais que realizam.

Analisando o cenário socioeconômico da América Latina em 1997, Klisksberg sinalizava para a extensão dos problemas sociais que demandavam a mudança de postura dos governos, da sociedade e das empresas:

> ... a pobreza gera marginalidade e essa alimenta a pobreza. Na realidade, os pobres não participam da vida econômica, nem da social, nem da política. Estão excluídos do mercado, e sua presença política ou influência social mantém-se mais no plano formal do que no real. Na realidade, ao excluir os pobres da economia e da sociedade, nega-se-lhes o direito de lutarem para livrarem-se da pobreza.[5]

---

[4] CAPPELIN, P.; GIULIANI, G. M. A economia política da responsabilidade corporativa no Brasil – *paper* discutido no Seminário sobre Responsabilidade Social da Fundação Ford. Rio de Janeiro, set. 2003.
[5] KLISKSBERG, B. *O desafio da exclusão*. São Paulo: Fundap, 1997, p. 25.

Passada quase uma década, não é preciso atualizar os dados para concluir que o cenário permanece o mesmo, sendo que, em alguns aspectos, observa-se o agravamento desses déficits. Dados oficiais estimam que, no Brasil, 32% da população vive em situação de pobreza.[6] Embora os relatórios de 2002 e 2003 do Índice de Desenvolvimento Humano (IDH) e do Programa das Nações Unidas para o Desenvolvimento (United Nations Development Programme – PNUD) apresentem melhorias em alguns indicadores, o país continua se posicionando entre aqueles que se caracterizam pela pior distribuição de renda: os 50% mais pobres apropriam-se de 13%, enquanto os 10% mais ricos detêm 52% da renda nacional.

Esse contexto, que não se altera ou que muda para pior, tem colocado a todos que se inquietam com o quadro de iniqüidades o desafio de buscar caminhos que promovam o desenvolvimento. Durante as décadas de 1960 e 1970, tanto estudiosos quanto investidores pautavam sua visão de desenvolvimento pelo crescimento da produção industrial. Acoplavam esse enfoque a programas que visavam reduzir as disparidades regionais, mediante uma ação combinada do Estado com empreendimentos de grande porte do setor privado.

O desenvolvimento era sinônimo de crescimento urbano-industrial focado em metas macroeconômicas, muitas vezes desvinculadas das necessidades sociais e ambientais específicas de cada localidade e de sua população. O conjunto da realidade brasileira era concebido como um todo homogêneo, cujo desenvolvimento seria alavancado pelo crescimento das atividades industriais, do consumo urbano e da modernização de hábitos e costumes.

---

[6] Pesquisas indicam que cerca de 50 milhões de pessoas vivem com renda mensal inferior a 30 dólares americanos. Mapa do Fim da Fome do Brasil (FGV-2001) baseado no PNAD (Pesquisa Nacional por Amostra de Domicílio) e IDH/PNUD.

As seqüelas dessa visão limitada ficaram patentes em indicadores sociais que permitiram a elaboração da famosa metáfora dos dois países contraditórios. Urbanização acelerada, migrações desestruturantes, exploração irracional de recursos naturais e, principalmente, os baixos padrões de vida de amplas camadas da população evidenciaram que o modelo era insuficiente para criar equilíbrio econômico e justiça social.

Nos anos 1980, a conjuntura recessiva da economia internacional aprofundou a desigualdade que sempre caracterizou as relações sociais no país. Em oposição à proposta de crescimento econômico-industrial acelerado, o conceito de desenvolvimento começou, então, a ser definido com uma abrangência ampliada, qualificada pela noção de sustentabilidade.

A Conferência das Nações Unidas sobre Meio Ambiente e Desenvolvimento – Eco 92 foi um marco para a consolidação e disseminação do conceito de desenvolvimento sustentável e sustentado, considerado como aquele processo que procura "atender às necessidades do presente sem comprometer a possibilidade de as gerações futuras atenderem suas próprias necessidades".[7]

Cunhado originalmente com o objetivo de preservação do meio ambiente, o qualificativo de sustentabilidade esboçou-se em seguida como um construto de maior complexidade, porque passou a abranger, concomitantemente, ampla gama de componentes da vida social. Em outras palavras, o desenvolvimento deixa de ser sinônimo de crescimento de alguns setores modernos da economia para se transformar em uma proposta de aperfeiçoamento contínuo dos múltiplos fatores que influenciam o bem-estar humano e as condições de vida e

---

[7] GIORDANO, S. Desenvolvimento sustentável e meio ambiente na virada do século. *Revista de Economia de Empresas*, São Paulo, v. 2, 1995.

de sociabilidade das pessoas. Como afirma Rattner, tratava-se de estabelecer a equação "capaz de levar à formulação de políticas e diretrizes para a intervenção racionalizadora que postula a precedência do bem comum e da causa pública face aos interesses particulares".[8]

Conforme esta perspectiva de desenvolvimento, as despesas com educação, saúde e nutrição da população, por exemplo, não são mais contabilizadas apenas como custo social, mas também passam a ser vistas como rubricas de investimento, essenciais para assegurar a existência de padrões equânimes de estruturação social. E a sustentabilidade pressupõe que múltiplos conjuntos de forças sociais, econômicas e políticas são articulados de forma a obter melhorias simultâneas: no equilíbrio da distribuição da renda, no padrão de qualidade de vida das populações, no acesso aos direitos civis e aos serviços públicos para os cidadãos, na garantia de preservação e de efetivas condições de reprodução dos recursos naturais.

Nessa proposição, os fatores econômicos não são hierarquizados de maneira a determinar os demais componentes do cenário social. Tampouco o crescimento industrial é considerado o elemento determinante do desenvolvimento dos demais aspectos da vida em sociedade. A evolução do desenvolvimento não é proposta como um caminho linear, no qual a acumulação de riqueza em um setor da economia, ou em uma classe social, era considerada pré-requisito para uma distribuição posterior que, supostamente, alavancaria os demais setores e segmentos sociais. A sustentabilidade define que os padrões de desenvolvimento devem ser estabelecidos a partir dos componentes

---

[8] RATTNER, H. (coord.). *Instituições financeiras e desenvolvimento tecnológico autônomo*: o banco nacional de desenvolvimento econômico e social. São Paulo: IPE-USP, 1991.

múltiplos e específicos de cada realidade: a oferta existente de recursos humanos, naturais e materiais; as vocações para a produção econômica delineadas pelas condições físico-geográficas e histórico-culturais próprias de cada região; as demandas e necessidades, assim como as potencialidades e experiências desenvolvidas.

Essa visão passou a ser incorporada e difundida por diversas fontes. Em 1996, o economista Amartya Sen – então conferencista do Banco Mundial e pesquisador na Universidade de Harvard – afirmava que o crescimento e a produtividade estavam vinculados a investimentos nas áreas sociais. Pois, segundo seu argumento, existe uma interdependência entre o desenvolvimento humano, a geração de competências e a expansão destas sob a forma de capacidades produtivas:

> Existe uma acentuada complementaridade entre a condição de agente individual e as disposições sociais: é importante o reconhecimento simultâneo da centralidade da liberdade individual e da força das influências sociais sobre o grau e o alcance da liberdade individual. Para combater os problemas que enfrentamos, temos de considerar a liberdade individual um comportamento social. O desenvolvimento consiste na eliminação das privações de liberdade que limitam as escolhas e as oportunidades das pessoas de exercer ponderadamente sua condição de agente.[9]

Na mesma época, James Wolfensohn, então presidente do Banco Mundial, afirmava que o progresso econômico baseado, exclusivamente, na reprodução e acumulação capitalista em alguns setores produtivos considerados dinâmicos não conseguiria expandir-se em direção à solução dos problemas sociais.

---

[9] SEN, A. K. *Desenvolvimento como liberdade*. São Paulo: Companhia das Letras, 2000, p. 10.

Ou seja, o desenvolvimento econômico efetivo e equilibrado demandaria um desenvolvimento social paralelo e também eqüitativo.

Os documentos do Banco Mundial e do PNUD passaram então a disseminar o conceito de desenvolvimento como um processo mais complexo, que integra atividades econômicas, sociais e políticas, envolvendo múltiplas instituições e agentes que devem atuar de forma interativa. Um dos fundamentos desse conceito é o da existência de quatro tipos de capital, todos eles essenciais na constituição desse processo.

O primeiro tipo corresponde ao universo de ativos naturais, que podem constituir-se em recursos produtivos, componentes da biodiversidade propiciada pela natureza.

O segundo tipo abrangeria o conjunto amplo e diversificado dos recursos criados pelo ser humano. Estão nessa categoria os ativos fixos próprios de cada processo produtivo; as infra-estruturas construídas para o convívio social, para as comunicações e para as relações que concretizam o tempo e o espaço da sociedade. E, ainda, o capital financeiro e o capital comercial que viabilizam as transações, criando a rede de sustentação da economia.

O terceiro é denominado capital humano, que pode expressar-se nas relações de produção sob a forma de recursos humanos, mas cuja potencialidade excede a categoria de ativo econômico. São as pessoas com seu infinito espectro de conhecimentos, competências, habilidades e emoções e que têm o poder de criar e recriar a sociedade, desde que lhes sejam asseguradas as condições para se desenvolverem como seres humanos e cidadãos.

O quarto tipo é o capital social, constituído pelo acervo cultural e institucional que cada comunidade produz, conserva, transmite e transforma ao longo do tempo. Os valores e pressupostos básicos que sustentam a visão de mundo e o modo de ser de cada grupo social são alguns exemplos desses elementos intangíveis que conformam o capital social. Destaque-se, porém, entre tais elementos, aqueles que exercem papéis determinantes nos processos de desenvolvimento: a capacidade de mobilização e organização social; os modelos sociais que estimulam o pluralismo organizacional; a geração permanente de redes que assegurem a participação a diversos atores sociais; e a articulação entre instituições, propiciando convergir esforços para realizar metas coletivas.

Ampliando a proposição de Wolfensohn, pode-se acrescentar a proposição do autor deste livro, que consiste na existência de um quinto tipo de ativo econômico, essencial à sobrevivência e ao sucesso das organizações de mercado: o capital reputacional. Isto é, um valor de mercado que é atribuído a uma organização em virtude de uma percepção de boa conduta que as pessoas formulam acerca de seu desempenho e de sua imagem.

Quando se amplia a noção de capital para esses diversos tipos de ativos, uma observação que ressalta é que a abrangência e a complexidade da proposição do desenvolvimento sustentável demandam um pré-requisito essencial: o acesso da sociedade a condições plenas de participação e aos meios de comunicação e intercâmbio. A sustentabilidade do desenvolvimento é um processo, ou seja, mantém-se no movimento contínuo da dinâmica social. Por isso, deve estar continuamente sendo alimentada pelos insumos da demanda e da realização das pessoas e dos grupos sociais. Isso pressupõe que essas pessoas e grupos tenham condições de manifestar-se, tenham canais para obter e trocar informações, saibam acessar os meios para se articularem e se comunicarem, estejam capacitadas a utilizarem os dados obtidos.

Embora esses requisitos possam ser assegurados pelas facilidades propiciadas pelo avanço tecnológico nas áreas de telecomunicações e informatização, sua absorção pela sociedade depende dos padrões políticos e culturais que sustentam o relacionamento social. Portanto, a adoção de um modelo de desenvolvimento sustentável efetiva-se apenas, quando e se a sociedade gozar de condições plenas de participação e estiver capacitada a empregar os meios de comunicação no aperfeiçoamento de suas ações, decisões e relações.

As perspectivas do desenvolvimento sustentável orientam-se para, prioritariamente, assegurar a qualidade de vida das pessoas, a preservação dos bens naturais para as futuras gerações, a justiça social na distribuição e na fruição dos bens criados pela humanidade. Esses padrões de desenvolvimento podem e devem estar parametrizados pelos condicionantes da conjuntura econômico-social.

Evidentemente, não seria realista propugnar, em tempos de globalização, por metas de desenvolvimento local que estivessem na contramão das tendências universais. Entretanto, atingir determinadas e específicas metas de mercado não é sinônimo de ter alcançado patamares de desenvolvimento, principalmente quando tais metas se reduzem a resultados quantitativos de componentes isolados da vida social. Castells[10] demonstra que a expansão da economia global acarretou a deterioração das regiões do mundo que ficaram à margem da "revolução da informação". Para exemplificar, ele destaca o empobrecimento do continente africano, definindo-o como o

---

[10] CASTELLS, M. *End of millennium*. Oxford: Blackwell Publishers, 1998.

"quarto mundo, criado pelo próprio colapso dos outros três". Ainda que a África do Sul desponte, inclusive pelo seu crescimento industrial, como eventual elemento catalisador de uma reação positiva do continente, o conjunto de outros indicadores – como a desigualdade de distribuição de renda, a lentidão do processo integrativo dos negros, as rupturas entre as diferentes etnias – sinaliza para a impossibilidade de aquele país atuar como um dínamo do desenvolvimento da região.

Entre nós, a redemocratização iniciada nos anos 1980 encorajou a participação da sociedade civil nas iniciativas de modernizar o Estado e, principalmente, na elaboração de políticas sociais e programas de desenvolvimento. Esta é uma premissa importante, porque fortalece a capacidade de o Brasil administrar seu processo de desenvolvimento, capacidade antes minada pelo ciclo de autoritarismo político.

Esse movimento ganhou força na última década do século XX, quando se aprofundou a necessidade de resgatar a dívida social e alavancar o desenvolvimento do país, ao mesmo tempo em que ficavam evidentes as deficiências existentes em nações pobres, como o Brasil, para realizar o processo de desenvolvimento. Além da democratização, é preciso construir um Estado sensível às demandas sociais, capaz de criar políticas que respeitem as diversidades e que disponibilize meios de comunicação e participação aos diversos atores sociais. E, mais além, é preciso fortalecer o espaço das organizações da sociedade civil que propiciam as condições estruturadas de mobilização e participação. Empresários, trabalhadores, profissionais de qualquer nível podem participar ativamente do desenvolvimento se os espaços organizacionais adequados para exercitarem sua cidadania estiverem ao seu alcance. Só então se pode começar a falar no exercício da responsabilidade.

Quando se associa o conceito de sustentabilidade à noção de desenvolvimento, imediatamente ele remete ao desafio da colaboração. A sustentabilidade pode ser interpretada de diversas maneiras, entre as quais:

- o desenvolvimento econômico, que assegura a renovação e perenidade dos recursos naturais e, portanto, a sustentabilidade da vida e da biodiversidade;
- a mesma definição anterior, ampliando para a garantia das condições de vida e sociabilidade para os recursos humanos, isto é, com um foco que abrange as pessoas e sua sobrevivência social no contexto ambiental;
- ou ainda, que esse processo de desenvolvimento sustente a vida natural e social, mas que seja também sustentado, ou seja, que produza resultados de ação transformadora sobre os atores sociais, reformulando-se em uma dinâmica de aperfeiçoamento contínuo.

Porém, independentemente da definição mais sucinta ou mais ambiciosa que se adote, é evidente que as molas propulsoras desse processo são a participação, a mobilização, o trabalho cooperativo, o esforço compartilhado, a construção coletiva. Talvez, em virtude dessas analogias, as reflexões sobre desenvolvimento na última passagem de século tenham propiciado o espaço para se resgatar um conceito que estivera obsoleto: a noção de responsabilidade social.

Esta imprevisibilidade se intensificou nos anos subseqüentes, fazendo ruir, como analisa Giddens,[11] as estruturas de sustentação da visão liberal conservadora e abrindo caminho para o surgimento de uma sociedade civil internacional. Esse

---

[11] GIDDENS, A.; PIERSON, C. *O sentido da modernidade*. São Paulo: FGV, 2000.

novo fenômeno, ainda em gestação, pode significar a agregação de atores sociais em escala mundial, reunidos para impregnar com novos padrões éticos, princípios pluralistas e proposições racionais as formas de organizar a economia e a sociedade.

Em tal contexto complexo e mutante, ocorre o resgate do conceito e da prática da responsabilidade social, perdidos ao longo de décadas.[12] No Brasil, ele aparece com muita evidência sob a forma da responsabilidade social corporativa, associada a iniciativas empresariais de intervenção social, ou de apoio a projetos, programas e entidades voltados à ação social.

Esse ressurgimento da proposição da responsabilidade social no contexto das economias caracterizadas pela forte presença da exclusão social, como elemento restritor do desenvolvimento sustentado, requer uma reflexão mais aprofundada sobre a própria definição do conceito. É preciso esclarecer quais tipos de atividades configuram o que se pode chamar de atuação social de empresas. Nesse aspecto, pode-se dizer que tanto a prática quanto a teoria estão navegando em terreno pantanoso.

No plano teórico, a restrita produção sobre o tema, ainda que provinda de estudos sérios, não autoriza seu emprego como corpo de conhecimento referencial consistente. Pesquisas, estudos e artigos sobre responsabilidade social no Brasil vêm sendo produzidos de forma crescente no campo da administração e das ciências sociais nos últimos cinco anos, refletindo, simultaneamente, a percepção da lacuna existente, a constatação do baixo interesse que havia pelo tema e a necessidade de retomá-lo dentro da nova ótica de uma sociedade que se "globaliza". Em tal contexto, este livro vem acrescentar valor à

---

[12] Sobre a evolução do conceito, alguns aspectos são apresentados no texto: FISCHER, R. M. A responsabilidade da cidadania organizacional. In: FLEURY, M. T. L. (coord.). *As pessoas na organização*. São Paulo: Gente, 2002.

produção de conhecimento teórico e insumo ao aperfeiçoamento das práticas empresariais.

Na prática, o conceito de responsabilidade social tem sido reduzido à responsabilidade corporativa e esta se concretiza na atuação social das empresas, preenchendo uma ampla e muito variada gama de atividades, o que torna difícil identificar padrões que permitam uma definição precisa e abrangente. O quadro teve sua complexidade aumentada, à medida que o tema da responsabilidade social passou a ser priorizado pela mídia especializada em assuntos econômicos e de negócios. Essa forma de divulgação das proposições tornou-se eficiente ao ressaltar casos e experiências que passaram, assim, a gozar de notoriedade com o amplo público. Contudo, excessiva exposição pode levar a uma mistura de "alhos com bugalhos", na qual quaisquer tipos de iniciativas podem ser catalogadas como atuação social, quando nada mais são do que instrumentos de marketing institucional e/ou da política de benefícios da empresa.

Com tanta imprecisão conceitual, somada à "popularização" do tema, nada mais natural que o surgimento de polêmicas no âmbito da produção acadêmica. Os analistas que elaboram as críticas mais fundamentadas ao "movimento de atuação social empresarial" distinguem como aspectos relevantes:

- que essas ações sociais não intervêm em causas sistêmicas que geram a exclusão e a pobreza e, por isso, não são capazes de provocar efetivos impactos sociais. Rattner,[13] criticando a pesquisa do Instituto de Pesquisa Econômica Aplicada – IPEA sobre as ações sociais

---

[13] RATTNER, H. *A responsabilidade social das empresas*. São Paulo: FEA/USP, 2002, p. 2.

empresariais,[14] questiona a motivação que desencadearia tais iniciativas, ironizando seu "humanitarismo" e ressaltando sua ineficiência e ineficácia como estratégia compensatória;
- que, embora todas as ações ressaltem seu compromisso ético de agir contra qualquer forma de discriminação e de superar as profundas desigualdades sociais, elas não estão estruturadas para oferecer o atendimento necessário, nem estão vinculadas a um compromisso político de realizar esses ideais;
- que as ações sociais empresariais não contribuem para aperfeiçoar as políticas públicas, as quais detêm a responsabilidade de intervir nos problemas sociais e solucioná-los;
- que o que prevalece nas decisões das empresas acerca de suas iniciativas no âmbito social é a racionalidade do mercado, não o impulso da solidariedade.

Essas análises expõem alguns dos mais evidentes pontos de vulnerabilidade dessa nova postura empresarial. Mas eles não têm impedido o aumento do número de empresas que implementam iniciativas desse tipo. Nem, tampouco, que as mais experientes comecem a transitar da simples atuação social para a elaboração mais trabalhosa e comprometida daquilo que se vem chamando de "estratégia de responsabilidade corporativa".

---

[14] A Pesquisa Ação Social das Empresas inaugurou "uma nova frente de investigações no campo das ações sociais de caráter público, porém não estatal. O objetivo é identificar os espaços para que a ação do Estado, limitada por motivos gerenciais e financeiros, seja complementada por outras iniciativas da sociedade, tanto das empresas privadas como das organizações do terceiro setor". (**Fonte:** <www.ipea.gov.br>)

O interesse despertado mostrou às empresas em geral que essa era uma característica que deveria estar associada às suas marcas. Embora não fosse possível quantificar ou mesmo identificar com clareza seu significado, o diferencial de "empresa focada no social" popularizou-se, tornando-se essencial à formação de uma imagem institucional positiva e empática e, portanto, fortalecedora do capital reputacional.

O próximo passo no amadurecimento dessa proposição diz respeito a ampliar o conceito e as práticas para que a sociedade como um todo opere com valores de responsabilidade. E, principalmente, que essa responsabilidade esteja focada em ações que gerem resultados efetivos de desenvolvimento socioambiental sustentável.

ANEXO II

Novas Dimensões do Conceito de Governança Corporativa

Decio Zylbersztajn[1]

Na sua forma mais básica, o problema de governança corporativa surge quando um acionista deseja exercer controle tomando decisões que divergem dos diretores de uma organização. A propriedade dispersa das ações torna o problema mais sério, gerando conflitos de interesse entre os detentores de direitos de decisão dispersos. É um típico problema de ação coletiva entre investidores.

Governança é um tema que nos deve preocupar, não apenas no tocante às corporações, mas também com outros tipos de organização. A preocupação deste anexo é motivar o leitor a pensar na governança das organizações de modo mais abrangente. A nós preocupa o fato de que o debate sobre governança corporativa tem sido conduzido em países com grande dispersão acionária, o que não ocorre no Brasil. Portanto, mes-

---

[1] Professor titular da Faculdade de Economia, Administração e Contabilidade da USP, coordenador do Centro de Conhecimento em Agronegócios (Pensa) e coordenador do Centro de Estudos de Direito, Economia e Organizações da USP – Cedeo.

mo o enfoque tradicional deve ter tratamento distinto no caso brasileiro.

O debate sobre governança corporativa focaliza o tema da formação, do papel e da composição dos conselhos, entretanto, entendemos que deva extrapolar essa dimensão. Desde que Eugene Fama e Michael Jensen (1983)[2] apresentaram o conceito de separação entre propriedade e controle nas corporações, colocou-se claramente a possibilidade de o detentor dos direitos de decisão corporativa não ser o seu proprietário. Cria-se um problema, pois quem decide não sofre a totalidade dos impactos decorrentes da decisão. A isto os economistas das organizações denominam *problema de agência*. O assim chamado *principal* é o acionista (proprietário), mas é o agente quem decide, o que leva a desenhar mecanismos de controle do agente pelo *principal*.

O problema de governança das corporações ganhou relevância em tempos recentes. Seis razões podem ser consideradas mais importantes:

A primeira tem a ver com os resultados do processo de privatizações que ocorreu em todo o mundo, em especial nos países latino-americanos e alguns países europeus. Exceto nos Estados Unidos, onde nunca foi marcante a presença direta do Estado na produção, na forma e na medida em que ocorreu em outros países. Se, por um lado, o Estado apresenta vieses no governo das corporações sob o seu controle, por outro, o setor privado tem de resolver o problema de ação coletiva dos acionistas e dos *stakeholders*.

A segunda razão tem a ver com o crescimento dos fundos de pensão, que democratizaram a propriedade corporativa

---

[2] FAMA, E.; JENSEN, M. Separations of ownership and control. *Journal of Law and Economics*, p. 301-25, jun. 1983.

com a sua participação – mais ou menos ativa – no controle das corporações. O problema de agência decorrente ficou mais complexo, pois passou a significar não apenas a governança dos fundos, que são corporações com cotistas (*principais*) dispersos e que não possuem incentivo individual para monitorar, a diretoria (*agente*), que toma decisões em seu nome. Além disso, ainda atua no controle das corporações das quais o fundo é acionista, configurando um duplo problema de agência.

A terceira razão apontada refere-se à onda de fusões e aquisições que marcou os anos 1990, criando corporações maiores, complexas e com problemas de controle magnificados. A arquitetura globalizada dessas corporações as leva a definir padrões de comportamento corporativo de difícil monitoramento e sem laços necessários com Estados nacionais.

A quarta razão é o processo de desregulamentação e integração dos mercados mundiais, que torna as corporações não apenas mais independentes como também operando em um ambiente institucional regulador sem um desenho definido.

O Estado, ao privatizar, abriu mão do seu papel de produtor, aprendeu na prática a dimensão de um novo papel, de regulador da atividade produtiva, mas nem sempre com sincronia efetiva.

A quinta razão para a relevância do tema da governança corporativa foram as crises vividas nas economias da Ásia e da América Latina, que levaram a situações nas quais a tomada de decisões rápida demandava poder decisório concentrado, o que nem sempre as estruturas corporativas permitiam.

Por fim, a sexta razão tem a ver com os escândalos corporativos que emergiram nos Estados Unidos e na Europa e que demonstram que o tema do controle é mais importante do que nunca. Algumas das empresas que foram palco de escândalos ganharam prêmios de excelência de governança corporativa.

Maneiras para Lidar com o Problema

A literatura e a prática da governança corporativa buscam resolver o problema central, que é o de ação coletiva de acionistas dispersos com graus variados de capacidade para exercer controle sobre as decisões da diretoria e em especial do CEO. Em recente revisão da literatura, Marco Becht, da Universidade de Bruxelas, Patrick Bolton e Alisa Röell, de Princeton (2002),[3] discutem o problema e destacam cinco mecanismos para administrá-lo.

O primeiro é a concentração acionária nas mãos de poucos acionistas, solução que pode mitigar o problema de controle aumentando o incentivo para o monitoramento efetivo, mas perde as vantagens de diluição do risco associado à propriedade dispersa.

O segundo mecanismo é o processo de *take over* hostil, segundo o qual, pelo menos em situação de crise, as corporações passam por períodos de controle concentrado. Essa solução cabe apenas para momentos críticos, perdendo a possibilidade de atuar de modo continuado.

O terceiro é a ação dos conselhos de administração, com destaque para a sua composição, *expertise* e independência. A literatura a respeito do tema é escassa e pouco conclusiva sobre a eficácia dos conselhos em mitigar os problemas de agência associados à ação coletiva. No caso brasileiro, a composição dos conselhos acaba seguindo uma lógica de proteção dos interesses dos acionistas controladores, na sua maioria títeres que cumprem um papel formal.

---

[3] BECHT, M.; BOLTON, P.; RÖELL, A. *Corporate Governance and Control*. NBER working paper series, 2002. Disponível em: <http://www.nber.org/papers/w9371>.

O quarto mecanismo ataca o tema da solução do problema de agência criando incentivos contratuais para os diretores, tornando-os mais alinhados aos interesses dos acionistas. É uma solução que foi muito útil nos anos 1990 com a difusão de incentivos via opções e novos formatos na administração dos benefícios dos executivos. Entretanto, mostrou as suas fragilidades em tempos de queda no valor das ações, como ficou constatado nos escândalos recentes. Os agentes, mais bem informados do que os acionistas dispersos, manipularam as informações sobre os resultados das empresas e garantiram o seu quinhão em detrimento dos acionistas.

O último mecanismo propõe o aumento das penalidades e responsabilidades por parte dos diretores nos casos de os acionistas serem lesados. Na verdade, representa uma resposta de aperfeiçoamento institucional cuja implantação foi muito rápida nos Estados Unidos, preocupados com a perda de confiança nas instituições por parte de um grande número de acionistas dispersos.

Ampliação do Tema

Cabe indagar até que ponto a discussão sobre governança corporativa é suficientemente abrangente e de interesse para o Brasil. Com respeito à sua abrangência, torna-se muito importante compreender a dimensão da governança de organizações não-governamentais, dados o seu crescimento e a ampliação do enfoque sobre o capital social. Os doadores, neste caso, representam o principal, e os diretores são os agentes. É importante a discussão sobre a governança das organizações cooperativas, sejam elas de crédito, de trabalho, agrícola, educacional e outras, cujos problemas de agência são ainda mais sensíveis do que nas sociedades por ações.

O exemplo das cooperativas agrícolas indica a relevância do tema, em especial por envolver milhares de agricultores cujo direito de decisão é unitário independentemente do fluxo de caixa por eles gerado na cooperativa. Cabe a discussão sobre a governança das associações esportivas, que gerenciam somas substanciais de recursos e têm grande importância na cultura brasileira – inversamente proporcional à sua reputação. Seus dirigentes conseguiram aperfeiçoar os mecanismos de proteção dos seus interesses deixando os *stakeholders* pasmos, assistindo a verdadeiras capitanias hereditárias instaladas. Cabe discutir o tema da governança das organizações de ensino público e privado. No caso das universidades públicas, o discurso fácil, que critica a presença do setor privado, ou o poder dos funcionários e alunos na gestão da universidade, são questões que escondem interesses de diversas naturezas e prometem causar danos irreparáveis se não forem discutidas na sua plenitude.

Conclusões

O tema da governança das organizações extrapola em muito o da governança corporativa. No Brasil isso acontece de modo particular, pois o mercado de capitais ainda busca o aperfeiçoamento institucional que permita ampliar a base de investidores.

Governar organizações implica cultivar a transparência, informar os múltiplos *principais* e crescentemente respeitar os direitos dos *stakeholders*, aqueles que, apesar de não serem acionistas, são afetados pelas ações e estratégias das organizações.

Impresso por
META
www.metabrasil.com.br